中青年经济与管理学者文库

2023年度河北省社会科学发展研究课题：创新驱动发展战略下河北省企业创新能力提升路径研究（20230203086）项目资助

河北地质大学学术著作出版基金项目（编号：CB2023014）

河北省矿产资源战略与管理研究基地研究成果

河北省会计学重点发展学科研究成果

异质性视角下盈利能力对企业社会责任的影响研究

吴晓娟　著

中国财经出版传媒集团
中国财政经济出版社
北京

图书在版编目（CIP）数据

异质性视角下盈利能力对企业社会责任的影响研究／吴晓娟著．－－北京：中国财政经济出版社，2024.5
（中青年经济与管理学者文库）
ISBN 978－7－5223－2919－2

Ⅰ．①异…　Ⅱ．①吴…　Ⅲ．①企业利润－影响－企业责任－社会责任－研究－中国　Ⅳ．①F279.2

中国国家版本馆 CIP 数据核字（2024）第 053130 号

责任编辑：高文欣　　　　　责任印制：史大鹏
封面设计：智点创意　　　　　责任校对：张　凡

异质性视角下盈利能力对企业社会责任的影响研究
YIZHIXING SHIJIAO XIA YINGLI NENGLI DUI QIYE
SHEHUI ZEREN DE YINGXIANG YANJIU

中国财政经济出版社 出版

URL：http://www.cfeph.cn
E－mail：cfeph@ cfeph.cn

（版权所有　翻印必究）

社址：北京市海淀区阜成路甲 28 号　邮政编码：100142
营销中心电话：010－88191522
天猫网店：中国财政经济出版社旗舰店
网址：https：//zgczjjcbs.tmall.com
中煤（北京）印务有限公司印刷　各地新华书店经销
成品尺寸：147mm×210mm　32 开　5.5 印张　135 000 字
2024 年 5 月第 1 版　2024 年 5 月北京第 1 次印刷
定价：25.00 元
ISBN 978－7－5223－2919－2
（图书出现印装问题，本社负责调换，电话：010－88190548）
本社质量投诉电话：010－88190644
打击盗版举报热线：010－88191661　　QQ：2242791300

策划人语

题记：一个人的精神成长史，取决于他的阅读史。只有阅读能最有效地培养精神生活习惯，而好的习惯又培养性格，性格决定人生。

——我们自豪，因为我们就是创造这精神产品的人。

选择了飞翔，总能看到蓝天；选择了远航，总能感受大海。人生不仅要作出选择，也要坚持住自己的选择。学会计、当编辑是我的意外选择。人说编辑是为人作嫁，可是这一选择我坚持了30年，苦在其中，乐在其中，也算是有声有色。每当我把一本本好书呈献给人们的时候，我觉得我是"富贵"的人：富，不是你身上的钱财，而是你心里的满足；贵，不是你地位的显赫，而是你被人需要的程度。

书海探寻,情怀永恒

我要说,做编辑我幸运,因为我不仅是第一个读者,可以对作品"品头论足",也可以对作品"生杀予夺";更重要的是,这是一个有很高层次的平台,在多年与名家的交往和名著的"对话"中,深深地为他们的人格和才学所感动,被作品的精彩所吸引,这不仅使我"下笔如有神",更使我的思想和灵魂也受到一次次洗礼和震撼,得到一次次升华。对于我的作者我的书,如数家珍,作者中不乏才学和为人同样过人的多位泰斗和"颜值高责任大"的众多才子佳人;策划的作品不仅立足专业还兼顾人文,也是情怀所在,专业加人文路才会更宽更远。

多年的体会是,作为一名编辑,起码要"三心二意",即"责任心、细心、耐心"和"服务意识、创新意识"。要多策划一些拳头产品,用一个选题推动一个系统工程,用一个系统工程培养一个出版社品牌。给新入职编辑讲座时我做过一个比喻:编辑两项基本功,审稿——甚至要比博导审批学生论文还要全面、细致;选题策划——要像电影导演一样做"星探",善于发现优秀作者和挖掘好的原创作品。记不清30年来我策划和编辑了多少书,组织和策划了大批教材、业务培训用书、通俗读物、理论专著等,有的获得过国家、省部级各类奖项,有的以其填补空白、社会热点、风格新颖、开拓尝试等特点受到读者的欢迎。正是:

一入书门情似海,
探寻经典职责在。
苦辣酸甜何其乐,
编辑人生也精彩。

想是问题,做是答案

众所周知,目前的图书出版业在行业竞争和纸质图书受到严重冲击的情况下,出版人无不感到莫大的危机。在这种背景下,我们还要积极应对,完善纸质图书的固有特质,拓宽纸媒的功能,挖掘出版内容和形式都精彩的原创作品，适应新形势下读者的更高需求。2017年至今，在新的时代环境下不断出新，我又策划了多套系列丛书和单本图书，不乏名家著作、教材、学术专著和实务丛书等，继续为扶持学术研究和总结实践最新成果，在高端研究与专业知识普及和应用之间搭建一座座有益的桥梁。

每一个时代的经济环境不同，理论研究和实务探索所需要解决的问题也有所差别。当前我国处于新的历史时期，市场环境和组织模式不断演变发展、推陈出新，经济、管理、财税等领域的新理论、新思想、新方法、新工具也层出不穷。乱花渐欲迷人眼，击水三千浪几何？这些领域的研究人员被时代赋予了更艰巨的责任，也面临着更高、更多元的要求，我们不仅要具备更广阔的学术视野，而且要有更严谨的学术思维。

输在犹豫，赢在行动

《中青年经济与管理学者文库》的作者，都是我国经济与管理领域的中坚力量，也是未来的大家。他们中有些人潜心从事理论研究，有些人则深耕在实务一线，但无论现实身份如何，视野全都没有被拘泥在"象牙塔"内。他们从不同视角对市场经济的不同要素进行细致审视，然后汇聚于"财经版"这面旗帜之下，相互碰撞，彼此激荡，力求在市场经济转型升级的关键时期留下最新鲜的"中国印记"。

这些经济与管理领域的中青年学者，就是我国市场经济发展的潜力与优势，他们的研究成果，不仅将引领市场经济的各个组成环节向更科学、更先进的方向发展，而且将成为我国政府和企业在未来经济世界扮演更重要角色的支点与动力。祝愿这些中青年学者能攀上更高的学术之山，走向更远的研究之路，也期待宏观、中观、微观各个层面的市场参与者都能从这套文库中得到切实的启发与指引，在全面深化改革、增强发展活力的关键时期，发挥正能量和积极作用，为经济社会发展增添新的动力！——这也是我策划此套丛书的初衷。

作始也简，毕也必巨

2021年，是一个非凡之年，纵观世界风云，抗击疫情"风景这边独好"，"十四五"规划开局，我们喜迎建党百年。"其作始也简，其将毕也必巨。"从"开天辟地""改天换地"到"翻天覆地""惊天动地"，我们党经历了四个历史时期——救国大业、兴国大业、富国大业、强国大业，四件大事铸就了中国共产党百年辉煌。我们不禁感叹——风雨百年创辉煌，"天地"之间"有杆秤"。

2021年，还是一个纪念之年，出版社成立65周年和我从事编辑工作30周年。65年来，财经出版社始终坚持正确的舆论导向和鲜明的出版特色，努力为经济建设和财政工作服务，致力于为读者奉献经典作品，在中国财经出版传媒集团旗下发挥着更大的作用，取得更大的成就。作为一个有着20多年党龄的党员，我是生在新中国长在红旗下的幸运的一代，怀着对党无限的热爱和感恩，浓情做事、淡泊做人，用30年的情怀和坚守见证了出版业的转型，践行了编辑的天职，向党递交一份努力的答卷。

2017年策划出版《中青年经济与管理学者文库》至今已五年，得到了众多中青年学者的热烈响应与大力支持，文库诞生至今已囊括专著60余种，为中青年学者们提供了展示学术研究成果的平台，作者队伍不断壮大，作品陆续出版。如果您认可，如果您有意愿，欢迎您和您的朋友加盟我们的作者队伍！在中国财经出版传媒集团的"旗舰"下，中国财政经济出版社这"老字号"，一定励精图治，谱写新的篇章。敬请关注"龙媒玉制新书坊"微信公众号，我们用"龙的精神，玉的品质"来助力您实现梦想！

策划人：樊清玉

邮箱：qingyuf@sina.com

2021年12月31日

党的十八大以来,我国经济社会发展已经步入新时代,正在向着高质量发展和全体人民共同富裕的目标迈进。对于企业而言,积极履行社会责任是高质量发展的应有之义,也是实现可持续发展的必然要求。习近平总书记对此高度重视,明确指出:"企业既有经济责任、法律责任,也有社会责任、道德责任"。在此背景下,企业在经济社会发展中所担当的角色和使命愈发凸显。从本质上看,企业是市场经济的主体,更是社会生产与服务的主要承担者,或者说,为民众提供优质产品和服务才是企业存在的理由。这就要求企业不仅要追求经济效益,更要关注社会效益,最好的状态则是实现经济效益与社会效益的有机统一。

长期以来,学术界对于企业经济效益与社会效益的关系一直保持研究与关注,但由于企业内外部环境的多样性与动态性,对两者之间的确切联系和影响机制尚未达成共识。为深化理解,不少学者提议在不同情境下对这一问题进行细分研究。然而,现有研究多聚焦于不同情境下社会效益对经济效益的影响,忽视了经济效益对社会效益的影响如何依情境而变。这种忽视源于一种潜在但未必准确的假设:经济效益的提升自然带来社会效益的增强。实际情况可能并非如此。为了更深入地探讨这一问题,本书选择企业类型、企业生命周期阶段、内控水平和环境规制作为研究背景,从理论与实证两个角度探讨盈利能力对企业参与社会(环境)责任影响的差异性。本书具有如下特点:

第一,理论分析深入,文献资料翔实。作者从逻辑起点、外在约束和内在需求三个维度，系统地梳理了影响企业履行社会责任的理论框架。进而，作者对不同情境下盈利能力对企业社会责任的差异化影响进行了深刻剖析，为后续的实证研究奠定了坚实的理论基础。

第二，实证研究较为细致完善。作者立足于我国企业社会责任及环境责任发展现状，基于网络分析法分别构建了企业社会责任与环境责任参与程度评价体系，并以此评估了我国上市公司参与企业社会责任和环境责任的现状；以此为据，检验了我国上市公司在不同企业类型、不同发展阶段和不同内控水平下盈利能力对企业社会责任影响的差异化表现，并进一步研究了环境规制对盈利能力与企业环境责任关系的调节效应，为我国上市公司盈利能力对企业社会责任参与的差异化影响提供了新的认知视角。

第三，研究结果具有较高的政策参考价值。通过理论与实证研究，作者揭示了我国企业在不同背景下盈利能力影响企业社会（环境）责任参与的显著差异。基于此，作者建议政府在制定相关政策时，应针对不同的企业，特别是对那些在履行社会责任方面缺乏内在动力与机制的企业，强化政策监督，从制度层面推动企业积极履行其应有的社会责任。这样有助于提升政策的有效性和针对性，促进企业更好地实现经济效益与社会效益的均衡发展。

本书针对企业盈利能力对企业社会责任的影响进行了较为系统的研究，在一定程度上丰富了我国企业社会责任研究的理论。通过翔实的数据分析，为重新审视企业财务状况与企业社会责任的关系提供了有力的支撑。综观全书，存在诸多亮点，亦有不足，但瑕不掩瑜，开卷有益。希望本书的出版对我国企业社会责任履行研究有所裨益，并期待作者在未来能继续深耕此域，产出更多具有影响力的研究成果。

值此吴晓娟博士专著即将付梓之际，特撰此文以为序。

杨智杰

2024 年 4 月

　　随着经济的快速发展，企业行为对经济、社会和自然环境的影响越来越大，企业社会责任已成为企业界、公众和研究人员关注的热点话题。在现有文献中，企业社会责任与企业财务绩效之间关系的研究一直是学者们关注的焦点之一，然而，结果尚无定论。因此，有学者建议在中介变量或调节变量的影响下开展进一步的研究。已有研究集中关注在某些调节变量或中介变量的影响下企业社会责任如何影响财务绩效，很少有人关注相反的关系，即财务绩效如何在某些中介或调节因素下影响企业社会责任履行，特别是在新兴经济体中，相关研究甚少。

　　因此，本书以 2016 年至 2021 年中国上市公司为研究对象，旨在研究和验证中国上市公司在不同类型、不同生命周期阶段，以及不同内部控制水平下的盈利能力对企业社会责任参与度是否具有可比影响。研究过程及发现如下：

　　首先，基于社会情感财富理论、社会政治理论及其他学者研究观点的对比分析，发现家族企业和非家族企业的盈利能力对企业社会责任参与度的敏感性不同，进而提出了家族企业盈利能力对企业社会责任参与度的影响比非家族企业更显著和积极的假设。研究发现，不考虑企业类型的影响时，盈利能力对所有企业参与社会责任均有正向且显著的影响，但考虑企业类型的影响后，只有家族企业盈利能力对企业社会责任参与度的影响是显著积极的，而非家族企业盈利能力对企业社会责任参与度的影响并不显著，研究结果与假设一致。进一步分析考察了不同类型企业盈利能力对企业环境责任的影响，发现虽然家族企业在环境责任参与方面显著低于非家族企业的表现，但其盈利能力对环境责任参与度的正向影响显著优于非家族企业。在高质量发展理念正式提出后，家族企业与非家族企业盈利能力对环境责任参与度的影响较之前均有显著提升，且家族企业在环境责任参与方面与非家族企业的差距在缩小。

其次，基于动态资源理论分析了不同生命周期阶段的企业盈利能力对企业社会责任参与度的影响机理，并检验了与其他阶段企业相比，成熟阶段企业的盈利能力对社会责任参与的正向影响是否更加显著。研究发现，成熟阶段企业在社会责任参与度方面显著优于非成熟阶段企业，但与处于其他阶段的企业相比，成熟阶段企业的盈利能力未对企业社会责任参与度的正向影响产生显著增强的调节效果。经进一步分析发现，在非成熟阶段的企业中，初创阶段企业的两者关系与成熟阶段企业表现一致，即盈利能力对企业社会责任参与度的影响为积极显著的，而企业在成长阶段和衰退阶段两者关系并不显著。此外，初创和衰退阶段企业在社会责任参与度上显著低于成熟阶段企业，成长阶段企业与成熟阶段企业相比未见显著差异。

最后，根据高水平的内部控制有助于将企业资源分配给企业社会责任的相关活动并提高这些资源的使用效率和效果，提出了高水平内部控制可以促进盈利能力对企业社会责任参与度影响的假设。研究发现，内部控制水平越高，企业盈利能力与社会责任参与度之间的正向关系越显著，即内控水平能够强化盈利能力对企业社会责任参与度的影响。

此外，我国于 2020 年正式提出碳达峰与碳中和的目标，企业作为市场主体，是经济活动的主要参与者，对国家"双碳"目标实现发挥着重要的作用。环保税作为我国现阶段环境规制体系中的重要政策工具，旨在将企业环境外部性问题内部化。因此，厘清异质性环境规制对盈利能力与企业环境责任履行关系的影响，对于政府合理制定并执行环境规制政策，激发企业参与环境治理的积极性，推动生态文明建设具有重要意义。本书最后选取我国 2018—2021 年 A 股重污染行业上市公司为研究对象，探析并实证检验异质性环境规制对盈利能力与企业环境责任关系的调节作用。研究发现，环境规制能够强化盈利能力对企业环境责任的影响，主要通过外部压力和内部激励实现这种促进效应。进一步分析发现，这种促进效应仅在家族企业中存在，在非家族企业中并不明显。

本书通过研究盈利能力对企业社会责任参与度的影响在不同背景下的显著差异，更新了已有研究普遍假定两者关系为正的传统认知，丰富了盈利能力与企业社会责任之间关系的文献，为理解中国背景下企业盈利能力和企业社会责任之间真实关系提供了新的认知视角，也为证明一般性的研究结果过于笼统提供了强有力的研究证据。

鉴于研究精力有限，本书难免存在疏漏与不足之处，恳请各位专家、学者及读者不吝赐教，给予指正。

目 录

第 1 章　绪论 …………………………………………（ 1 ）
　1.1　研究背景 ……………………………………（ 1 ）
　1.2　研究意义 ……………………………………（ 4 ）
　1.3　研究目的和研究内容 …………………………（ 4 ）
　1.4　研究方法 ……………………………………（ 6 ）
　1.5　创新之处 ……………………………………（ 6 ）

第 2 章　理论基础 ……………………………………（ 8 ）
　2.1　可持续发展理念 ……………………………（ 8 ）
　2.2　规制理论 ……………………………………（ 9 ）
　2.3　金字塔理论 …………………………………（11）
　2.4　三重底线理论 ………………………………（12）
　2.5　利益相关者理论 ……………………………（14）

第 3 章　中国上市公司企业社会责任分析与评价 ……（17）
　3.1　中国上市公司企业社会责任报告披露分析与
　　　评价 ……………………………………………（17）

3.2 中国上市公司企业社会责任参与程度评价 ………（ 28 ）

3.3 中国上市公司企业环境责任参与程度评价 ………（ 32 ）

第 4 章 企业类型视角下盈利能力对企业社会责任的影响研究 ………………………………………………（ 37 ）

4.1 引言 ……………………………………………………（ 37 ）

4.2 文献综述 ………………………………………………（ 38 ）

4.3 理论分析与研究假设 …………………………………（ 40 ）

4.4 研究设计 ………………………………………………（ 43 ）

4.5 实证结果与分析 ………………………………………（ 48 ）

4.6 稳健性分析 ……………………………………………（ 54 ）

4.7 进一步分析 ……………………………………………（ 59 ）

4.8 结论 ……………………………………………………（ 63 ）

第 5 章 企业生命周期视角下盈利能力对企业社会责任的影响研究 ………………………………………………（ 65 ）

5.1 引言 ……………………………………………………（ 65 ）

5.2 理论分析与研究假设 …………………………………（ 66 ）

5.3 研究设计 ………………………………………………（ 69 ）

5.4 实证结果与分析 ………………………………………（ 75 ）

5.5 稳健性分析 ……………………………………………（ 83 ）

5.6 结论 ……………………………………………………（ 89 ）

第 6 章 内部控制视角下盈利能力对企业社会责任的影响研究 ………………………………………………（ 91 ）

6.1 引言 ……………………………………………………（ 91 ）

6.2 理论分析与研究假设 …………………………………（ 92 ）

6.3 研究设计 ………………………………………………（ 94 ）

6.4 实证结果与分析 …………………………………………（99）
6.5 稳健性分析 ……………………………………………（104）
6.6 结论与启示 ……………………………………………（109）

第7章 环境规制视角下盈利能力对企业环境责任的影响
　　　研究 ……………………………………………………（110）
7.1 引言 ……………………………………………………（110）
7.2 理论分析与研究假设 …………………………………（111）
7.3 研究设计 ………………………………………………（114）
7.4 实证结果与分析 ………………………………………（118）
7.5 稳健性分析 ……………………………………………（123）
7.6 进一步分析 ……………………………………………（129）
7.7 结论与建议 ……………………………………………（131）

第8章 研究结论 ………………………………………………（133）
8.1 研究总结 ………………………………………………（133）
8.2 政策建议 ………………………………………………（136）

参考文献 …………………………………………………………（137）

绪　论

1.1　研究背景

随着企业在经济社会发展中的作用越来越重要，公众对企业的期望也越来越高。例如，员工希望企业提升福利待遇和工作环境，客户希望企业以合理的价格提供优质的产品或服务，政府希望企业在多缴纳税金的同时尽量避免对生态环境造成破坏，社区希望企业为当地做出更多的社会贡献。因此，现代企业不仅要对股东负责，还要对利益相关者、环境和社会负责。这些责任构成了企业社会责任的内容，成为现代企业在经营过程中不可分割的一部分。

20世纪后，企业社会责任（Corporate Social Responsibility，CSR）在全球范围内已成为企业普遍关注的焦点问题之一，许多学者对这一现象进行了深入的分析与调查。Jo 和 Harjoto（2011）指出，参与企业社会责任可以对公司的价值产生积极影响。企业社会责任的好处还表现在其对公司声誉（Fatma et al.，2015；Fombrun，2005）、消费者忠诚度（Park et al.，2017）和风险降低（Jo & Na，2012）的积极影响。参与企业社会责任所带来的这些优势，吸引了越来越多的企业投入到企业社会责任活动中。根据全球可持续投资联盟（GSIA）发布的《2020年全球可持续投资回顾》，2020年全球可持续投资达到 35.3 万亿美元，两年（2018—2020 年）增长了 15%。

企业财务绩效（Corporate Financial Performance，CFP）作为衡量企业经营成果的关键指标之一，也是决定企业参与各项活动不可或缺的因素之一。因此，企业社会责任作为现代企业必不可少的活动之一，其与企业财务绩效的因果关系也是学者们不断探讨的话题之一。一些学者倾向于从理论上解释它们的关系。由 Waddock 和 Graves（1997）提出的冗余资源理论认为，更好的企业财务绩效会使公司拥有丰富的财务资源，从而使他们能够解决社会问题。因此，他们认为良好的企业财务绩效有助于实现良好的企业社会责任。工具利益相关者理论（Donaldson & Preston，1995）认为，企业社会责任也可以对企业财务绩效产生积极影响。其主要论点是，良好的管理意味着公司与主要利益相关者有着积极的关系，这反过来又会导致更好的资源在企业经营活动中加以利用，最终改善企业财务绩效。因此，企业社会责任可以被视为改善企业财务绩效的有效工具。

也有一些学者试图从实证研究的角度探讨它们之间的关系。Cochran 和 Wood（1984）发现了企业社会责任和企业财务绩效之间正相关关系的微弱证据，即使在控制了之前研究中忽略的一些因素之后也是如此。Wadock 和 Graves（1997）发现当期的企业社会责任和前期的财务绩效之间，以及当期的企业社会责任和下一期的财务绩效之间存在正相关关系。Fauzi 和 Idris（2009）基于对印度尼西亚公司的问卷调查发现企业财务绩效和企业社会责任之间存在正相关关系。Clarkson 等（2011）通过实证模型研究了美国四个污染最严重的行业（纸浆和造纸、化工、石油和天然气以及金属和采矿）。他们发现，由于前期财务资源的正（负）向变化，后续时期的企业环境绩效普遍改善（下降）。此外，当企业环境绩效在前几个时期改善（下降）时，企业财务绩效也可以改善（下降）。

通过文献综述，学者们期望更加宏观与全面地了解企业社会责任与企业财务绩效之间的关系。然而，即使使用同一种方法（meta-analysis）来检验它们的关系，也会得出不同的结论。例如，Orlitzky 等（2003）发现企业社会责任相比于市场财务绩效指标，似乎与会计财务绩效指标更相关；与其他企业社会责任指标相比，企业社会责任的声誉指标与企业财务绩效更加显著相关。Wang 等（2016）发现后期的企业财务绩效与前期的企业社会责任相关，但反过来则得不到实证结果的支持。此外，Endrikat 等（2014）发现企业环境绩效和企业财务绩效之间存在正向且部分双向的关系。Hang 等（2019）观察到企业财务绩效可以在短期内（一年）增加企业环境绩效，但从长远来看（超过一年后）效果会消失。反过来，增加企业环境绩效对企业财务绩效没有短期影响，而公司在长期内受益匪浅。

面对不一致的研究结果，一些学者认为，在完全了解企业社会责任与企业财务绩效之间的关系之前，还有很多研究要做（Margolis & Walsh, 2003; Alshehhi et al., 2018）。特别是，Margolis 和 Walsh（2003）强调了开发包含遗漏变量的模型、测试中介机制和背景条件以及在理论上建立企业财务绩效和企业社会责任之间的因果联系的重要性。Alshehhi 等（2018）也强调调节变量在理解两者关系方面的重要性。

许多学者已经开始沿着这些思路开展相关研究。Surroca 等（2010）发现企业社会责任和企业财务绩效之间的间接关系依赖于公司无形资产的中介作用，但它们之间没有直接关系。Youn 等（2015）以公司规模为调节因子，发现在美国餐饮业，公司规模弱化了企业社会责任对企业财务绩效的正向影响，但没有弱化企业社会责任对企业财务绩效的负面影响。Wang 等（2016）检查了环境背景对企业社会责任和企业财务绩效之间联系的调节作用。他们观察到，与来自发展中经济体的公司相比，企业社会责任与企业财务绩效的关系在发达经济体的公司中更强。Cho 和 Lee（2017）研究了管理效率的调节作用，发现企业社会责任与高效管理者的企业财务绩效呈正相关。Ang 等（2022）研究了所有权结构如何影响企业社会责任和企业财务绩效之间的关系。他们发现企业社会责任对企业财务绩效的积极影响因所有权平衡而增强，但因所有权集中而减弱。大多数现有文献侧重于研究调节变量或中介变量如何影响企业社会责任对企业财务绩效的影响。很少有研究关注调节变量或中介变量如何影响企业财务绩效对企业社会责任的影响，而本书试图在这一领域做出一些研究和深化，以期为读者提供更全面的视角和思考。

1.2 研究意义

本书的研究意义有三个方面。第一，基于已有理论及研究观点的系统梳理，深入分析企业盈利能力在不同调节变量的作用下对企业社会（环境）责任的差异化影响，丰富和发展了企业盈利能力对企业社会（环境）责任影响的相关理论。第二，本书基于异质性视角实证检验企业盈利能力在企业类型、企业生命周期阶段、内部控制水平和环境规制的作用下对企业社会（环境）责任的影响是否具有可比性，为揭示企业盈利能力与企业社会（环境）责任的真实关系提供了新的证据。第三，研究结果为政府相关部门在制定促进企业履行社会（环境）责任方面的政策机制提供更具针对性的参考。

1.3 研究目的和研究内容

本书的研究目的是分析并验证中国上市公司盈利能力对企业社

会（环境）责任的影响在不同调节因素的作用下（企业类型、生命周期阶段、内部控制水平及环境规制）是否具有可比性，探明不同情形下盈利能力影响企业社会（环境）责任的内在机理。本书包括三个研究目标以实现该研究目的：第一，评价中国上市公司的社会（环境）责任参与度；第二，探讨盈利能力对中国上市公司社会（环境）责任参与的总体影响；第三，分析并验证在分别考虑企业类型、企业生命周期阶段、内部控制水平和环境规制的调节作用时，盈利能力对中国上市公司社会（环境）责任参与的影响是否发生变化以及如何变化。本书的研究内容如图1-1所示。

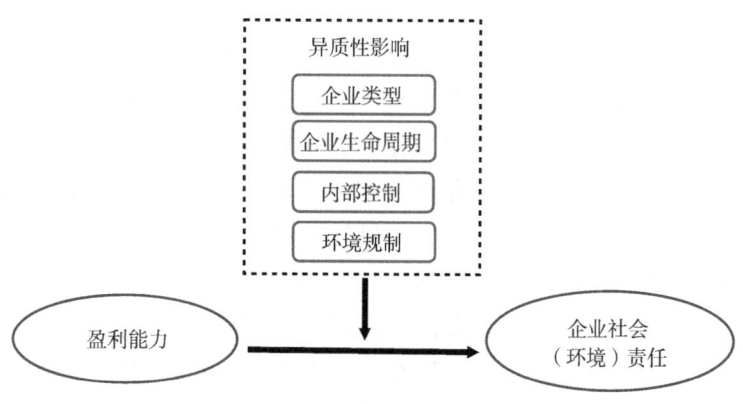

图1-1 研究内容示意图

基于上述研究目标，本书各章的研究内容安排如下。第2章对影响企业社会责任发展的相关理论进行梳理。第3章对中国上市公司企业社会责任的发展趋势进行分析评价，并采用网络分析法评估中国上市公司企业社会责任与环境责任的参与程度。第4章到第7章基于四个调节变量（企业类型、企业生命周期阶段、内部控制水平和环境规制）展开研究。首先，根据相关理论及研究观点的分析，对盈利能力与企业社会（环境）责任的总体关系，以及在企业类型、企业生命周期阶段、内部控制水平和环境规制的影响下盈利能力与企业社会（环境）责任参与的具体关系提出假设。其次，采用具有交互作用的多元分数回归模型来检验这些假设。最后，根据回归结果判断假设是否成立并得出结论。第8章对全书的内容进行总结，并根据研究结论提出相应的政策建议。

1.4 研究方法

本书主要涉及文献研究法、网络分析法和实证研究法等三个研究方法。

（1）文献研究法。对国内外已有关于盈利能力与企业社会责任关系的理论及文献进行梳理与归纳，重新审视各理论的适用性问题，并根据已有理论及观点的分析结果提出研究假设。

（2）网络分析法。在评价企业社会（环境）责任参与度时采用网络分析法对各指标赋权。本书采用CSMAR数据库中关于企业社会（环境）责任的相关信息，构建中国上市公司企业社会（环境）责任参与指数来评价中国上市公司企业社会（环境）责任参与度。根据一级评价指标之间、二级评价指标之间及一级与二级评价指标之间存在相互影响的关系，本书采用网络分析法对各级指标进行赋权。

（3）实证研究法。本书采用实证研究法探究中国上市公司盈利能力与企业社会（环境）责任关系在异质性下的表现。由于因变量企业社会（环境）责任参与指数的数值范围为[0，1]且呈非正态分布，故本书采用含有交互项的多元分数回归模型对假设进行检验。

1.5 创新之处

本书在研究视角、研究方法和应用等三个方面存在创新。

（1）视角创新：本书以企业类型、企业生命周期阶段、内部控制水平和环境规制为调节变量，研究企业盈利能力在异质性下对企业社会（环境）责任的影响，是对现有研究主要笼统探究企业盈利能力对企业社会（环境）责任影响的丰富与发展。

（2）方法创新：本书鉴于因变量数值范围及分布特征，采用多元分数回归模型（Fractional Regression）进行实证分析，是对现有研究主要采用普通最小二乘法（OLS）的补充与拓展。在对企业社会（环境）责任进行评价时，本书根据指标间关系采用网络分析法（ANP）对指标赋权，是对现有文献主要采用层次分析法（AHP）或均权法的发展与提升。

（3）应用创新：本书紧密围绕中国上市公司在不同条件下盈利能力对企业社会（环境）责任影响的差异化展开研究，为学者们研究两者关系提供理论及实证参考，研究结果为政府有关部门促进企业社会（环境）责任履行制定更加有针对性的政策提供科学依据。

第 2 章
理论基础

关于企业社会责任的学术研究在 20 世纪 50 年代开始形成（Carroll，2009）。许多学者和组织都在努力界定企业社会责任的概念。尽管存在许多企业社会责任的定义，但要找到一个普遍接受的定义并不容易（Habek，2017）。然而，Dahlsrud（2008）通过对 37 个企业社会责任定义的内容进行分析发现了企业社会责任的五个维度：环境、社会、经济、利益相关者和自愿性。他认为，与企业社会责任的定义方式相比，企业社会责任在特定环境下的社会建构方式更为混乱。因此，本章主要回顾被广泛接受的企业社会责任理论，从企业社会责任的逻辑起点（可持续发展理念）、外在约束（规制理论）和内在需求（金字塔理论、三重底线理论和利益相关者理论）三个方面简要阐述推动企业社会责任发展的五个主要理论。

2.1 可持续发展理念

20 世纪后，随着社会经济的飞速发展，人类活动与自然环境之间的冲突日益严重。为使人与自然和谐发展，1987 年联合国世界环境与发展委员会在《我们共同的未来》报告中正式提出可持续发展理念，并将其定义为"既满足当代人的需要，又不对后代人满足其需要的能力构成危害的发展"。可持续发展不仅重视人们需要的满足，而且也重视对环境资源的使用限度，使环境与资源对当代和后代生存能力的影响均衡。可持续发展概念的提出促使世界各国达成共识：地球只有一个，人类应采取共同行动来化解人类所共同面临的最大危机——生态危机。它使人们意识到调整或改变自己目前生产和生活方式的必要性，只有在生态容忍的范围内消耗资源，才能实现人类与自然的和谐共生，从而实现人类社会和自然的可持续发展。可持续发展理念涉及自然、环境、社会、经济、科技和政治等诸多方面，故同时具备自然、经济、社会和科技等领域的诸多属性（冯丽丽，2015）。

可持续发展理念在相关论著中普遍作为一个宏观概念提出，但随着时代的变迁，人们逐步意识到可持续发展不仅是政府的责任，企业作为微观经济主体也负有无可推卸的责任。可持续发展理论已成为企业履行社会责任的理论基础（刘娜和古安伟，2013）和必然要求（金乐琴，2004）。一方面，企业可持续发展的三个方面（经济、社会和环境）可转换为企业必须关注的企业责任方式（Panapanaan et al., 2002）。"全球契约（Global Compact）"于2000年7月在联合国总部正式启动，号召企业以自主行为方式遵守商业道德、尊重人权、劳工标准和环境等方面的国际公认原则，即呼吁企业以可持续发展的要求履行企业社会责任。另一方面，面对当下竞争激烈的市场环境，企业需要在技术革新与产品创新的过程中兼顾员工成长、消费者需求、环境保护和社区发展等多方面的要求，以负责任的实际行动为经济和社会的可持续发展做出贡献，实现其自身的可持续发展（王文和张文隆，2009）。

2.2 规制理论

规制（Regulation），也称为管制。规制就是政府通过设置或出台规定对个人或组织自由决策进行一种强制性的限制,以直接或间接地改变行为主体的决策规制或行为(Shleifer,2005)。由于市场失灵和信息不对称的存在,政府规制成为现代市场经济环境中不可或缺的一项制度安排,其本质为运用强制力约束或激励经济主体实现限制经济主体决策目的的行为。在市场经济条件下,规制是国家干预经济的重要手段之一,通过对微观主体活动进行制约,实现公共政策的目标。

规制理论强调制度环境对于组织行为的约束,认为所有组织在某种程度上都嵌入在某些关系和制度化的环境中,组织的生存和发展依赖于其对制度环境的顺从和对外部规则标准的遵守(Meyer & Rowan,1977;DiMaggio & Powell,1983)。组织管理者在行为决策时,通常会受到三种制度性压力的影响:强制性、模仿性和规范性压力(DiMaggio & Powell,1983)。这些压力能够形成一系列规范和条例来影响组织内的组织行为及相应的组织架构。此外,制度理论假设制度环境会潜在地以直接性规范和间接性限制的强制性法律、规定和政策等方式来影响组织行为(Posner,1974)。这些制度性因素不一定会对组织行为产生直接影响,但能够通过影响具体的社会性安排或者关联性社会框架来影响组织行为(Parker,2002)。其中,组织与制度环境发生关联的一个重要方式就是合法性机制。

规制可从多角度对企业社会责任施予影响。首先,从企业社会责任治理的视角来看,监管或规制属于企业社会责任治理体系的内容,政府作为企业社会责任的治理主体,在推动企业社会责任履行过程中发挥着宏观制度供给、舆论引导,以及企业社会责任缺失与异化行为的矫正等多重治理作用(阳镇和许英杰,2017)。其次,监管机构能够以"震慑效应"与"执行协调效应"影响上市公司的社会责任行为(肖红军等,2021)。为了达到监管的目的,政府可以综合运用社会性管制、经济性管制、反不正当竞争和垄断管制等多种手段对企业拒不履行社会责任或者超出法律许可范围的失责行为进行管制（朱锦程，2007）。不过，政府在对企业社会责任的监管过程中也应讲求效率，在过度与不足之间取得某种平衡，通过成本－收益分析的监管理念，不断提高自身能力，适时调整监管方式的资源配置，以实现政府在企业社会责任监管上的最优边界目标（昝淑珍，2009）。

2.3 金字塔理论

企业社会责任的金字塔理论由 Carroll（1979）提出，他认为四种社会责任构成了整体企业社会责任，这四种社会责任是经济责任（Economic responsibility）、法律责任（Legal responsibility）、道德责任（Ethical responsibility）和慈善责任（Philanthropic responsibility）。企业社会责任的这四项职责或组成部分可以描述为一个金字塔，如图 2-1（a）所示。经济责任意味着企业为股东赚取利润，这是最基本的责任，"因为没有它，其他因素就变得毫无意义"（Carroll，1991）。法律责任是指企业应积极遵守法律法规，因为企业被期望在法律框架内追求其经济使命。尽管它位于经济责任之上，处于金字塔的第二层，但与经济责任并存，是自由企业制度的基本原则。道德责任是指企业应该做正确的事，即使法律没有明文规定，尤其是关注消费者、员工、股东和公众认为是公平、公正，或尊重、保护利益相关者道德权利的事情。慈善责任意味着企业应该为社会项目做出贡献，即使它们独立于其业务。例如，通过提供时间或资金来支持艺术、教育和社区。金字塔模型对于企业而言并不是视同一律的，而是从第一层到第四层以大致 4∶3∶2∶1 的比例执行。所以，位于金字塔顶端的慈善责任虽"备受期待和重视，但实际上不如其他三类社会责任重要"（Carroll，1991）。

虽然企业在寻求充分履行其经济、法律、道德和慈善责任时，不可避免地会出现四者发生冲突的情况，而且四者履行权重的权衡将会持续成为企业一项重要的决策，但它们并不像人们通常认为的那样完全对立（Carroll，2016）。企业社会责任金字塔旨在将企业社会责任描述为由不同组成部分构成的一个整体，建议企业把社会责任按照权重进行划分，引导企业根据自己的实际情况逐步去履行自己的社会责任。这有助于企业在制定决策、行动和计划时综合考虑尽可能地实现所有组成部分，使企业从经济利益追求逐渐向企业利益相关者的道德管理转变。

2.4 三重底线理论

三重底线（Triple Bottom Line，TBL）于1987年在布伦特兰委员会提出，并于1994年由John Elkington正式命名。Elkington（1997）假设，如果一个企业形成一个经济社会系统，那么它的发展目标应该由利润、与企业相关的人员以及对地球的关爱三部分构成。因此，他指出一家企业应该对三个特征负责：利润、利益相关者和地球（Profit、People and Planet），该理论也被称为3Ps或三大支柱。只有当一家企业同时关心三重底线的三个方面时，它才能被称为可持续发展，因为这三个方面是极其密切相关的，如图2-1（b）所示。如果仅关心利润和利益相关者虽可使企业变得公平和公正，但忽视环境保护会使地球毁灭。如果只关注地球和利益相关者，而忘记利润，虽然企业社会责任政策可以忍受，但企业没有了利润无法生存。如果企业仅注重利润和地球，而忽视了利益相关者，虽然短期内它是可行的，甚至是有利可图的，但从长远来看会导致员工士气的下降和社会契约的违反，最终导致企业难以为继（Cane，2013）。因此，一个负责任的企业应该同时履行经济、社会和环境三方面的责任（KsięzaK & FischBach，2017），并对经济、社会和环境三个方面的具体内容做进一步明确。

经济方面包括乘数效应、税收贡献和避免破坏信任的行为（Uddin et al.，2008）。乘数效应主要是考虑企业对其利益相关者，即当地社区、员工、非政府组织、客户和供应商的影响。当该地区有大量人员为该企业工作时，这种效应影响尤其深远。税收贡献指企业利润越高，向政府缴纳的税收就越多，政府可以将这些钱花在人民身上，帮助社会解决最严重的问题。企业是当地的主要纳税人。Uddin 等（2008）建议将缴纳的税款视为企业社会责任中对社会所做贡献的一部分，而不是成本的构成。所以企业避税对社会有害，因为这意味着企业不想与社会分享他们的成功。最后，企业应尽量避免破坏信任的行为发生，因为企业的声誉一旦受损就很难恢复。

社会方面主要包括对消费者、员工和社区的责任。基于互联网的当代消费者可以较低成本在短时间内获得大量信息，在购买行为发生之前可以做出充分的比较，而且他们不求更多，但求更好。这种对卓越生活品质和更高生活水平的追求使新的消费者对企业的产品充满"挑剔"，迫使企业以一种负责任的方式生产产品。对员工的责任除了雇佣之外，还包括充分利用他们的技能，照顾他们的福祉，确保提供所有安全措施，通过教育和培训课程为员工提供自我实现的可能性，并设计最佳的激励体系。对于企业社会责任政策来说至关重要的是公平对待，不考虑性别、年龄或其他差异。企业对社区的责任主要体现在对当地发展的支持，比如赞助、招聘、捐款及培训。

环境方面主要涉及环境的影响及双赢的环境责任。在对环境的影响中，管理层需考量企业所有的日常运营对环境造成的有害影响。因此，对环境负责的企业应该衡量对自然环境的影响，可通过生态足迹评估企业一年内使用的资源数量，并与地球上可获得这些资源的供应量进行对比检查。衡量环境影响的另一种方法是生命周期评估。它计算所生产的商品从其开始（原材料阶段）到商店货架上直至使用后的处置方式的环境绩效。因此，这种可衡量的影响可以被企业良好的管理所控制。这意味着改变过去的工作方式，并在企业运营中实施更加环保的思维，且通过参考环境保护重新构建流程的实践已被证实了可行性。环境责任的另一个方面是双赢，即双方都受益的情况。重点是能够充分利用新创建的环境管理所带来的优势。比如，成本的明显削减使企业通过节约变得更加有利可得，而且通过对流程进行彻底检查，企业可能会及时发现生产中的任何异常情况，并消除它们，从而降低风险。所有环保行动都提高了公司的声誉，从而吸引客户，并可能带来明显的竞争优势。

2.5 利益相关者理论

Freeman（1984）将利益相关者定义为"能够影响企业目标的实现或受其影响的任何团体或个人"。虽然利益相关者的构成可能因企业所处的行业和商业模式而异，但主要利益相关者通常包括员工、客户、社区、供应商、所有者和潜在投资者。利益相关者理论认为，企业应该"为利益相关者创造尽可能多的价值，而不是诉诸权衡取舍"（Freeman et al.，2010）。该理论旨在尝试扩大企业的义务，使其不仅包括对股东利益的考虑，还包括为所有利益相关者创造最大价值。图2-1（c）说明了企业与相应利益相关者之间的相互关系。该理论通常从规范性、工具性和描述性三个不同的角度来看待（Donaldson & Preston，1995）。

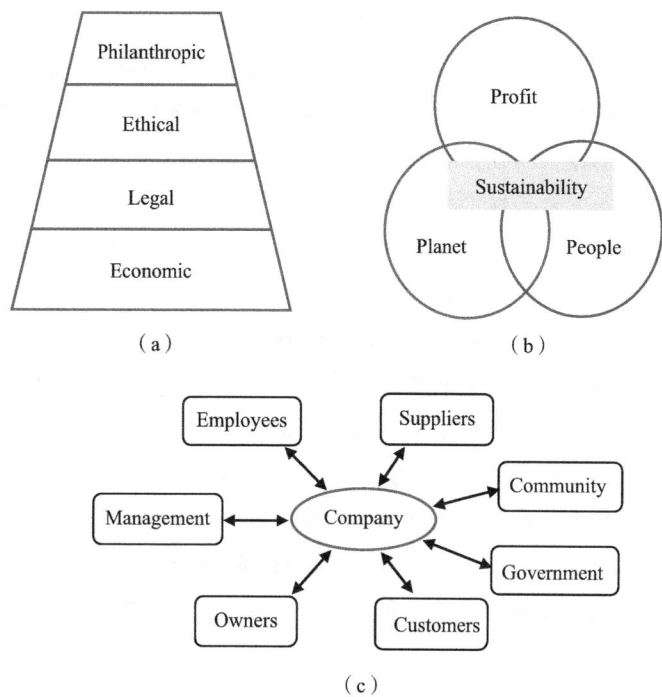

图 2-1 企业社会责任理论示意图

资料来源：(a) Carroll (1991)；(b) Elkington (2013)；(c) Freeman et al. (2010)。

- 规范的利益相关者理论关注的是管理层应该如何与利益相关者打交道。规范利益相关者理论的核心原则之一是企业应该关注所有利益相关者的利益——而不仅仅是他们的股东，因此利益相关者在这里被视为"目的"。
- 工具利益相关者理论认为，企业的最终目标是市场成功，而良好的利益相关者管理是实现这一目标的有用手段。因此，工具利益相关者理论将利益相关者管理作为一种"手段"并将其与经营结果，比如企业财务绩效这个目的联系起来。
- 描述性利益相关者理论认为企业应明确"哪些利益相关者

是重要的？他们为什么重要？在什么时候重要？管理者应怎样在主要的利益相关者之间分配资源？"（Jawahar & McLaughlin, 2001）。在规范性利益相关者理论中，利益相关者在重要性上没有区别，被视为一个整体，而在描述性利益相关者理论中，利益相关者根据其对企业发展的重要性而被区别对待。

综上所述，可持续发展理念是企业社会责任概念的逻辑起点，而规制理论则形成企业社会责任发展的外在约束，在企业社会责任的内在需求上，Carroll 的企业社会责任金字塔定义了企业应履行的四种社会责任，而三重底线理论则反映了企业社会责任应涵盖的三个方面，利益相关者理论从企业涉及的主要利益相关人员的角度阐述了企业应承担的主要责任。鉴于三重底线理论同时包含所有关键因素，也是企业社会责任学术研究中使用最多的理论之一（Tate et al., 2010；Moravcikova et al., 2015；Wilhelm et al., 2016；El Akremi et al., 2018），第 3 章将其作为衡量企业社会责任参与度的主要理论基础。

第3章 中国上市公司企业社会责任分析与评价

本章首先依据中国证券市场与会计研究数据库（CSMAR）以及润灵企业社会责任评级数据库（RKS）中关于企业社会责任的相关信息，对中国上市公司企业社会责任报告的发展趋势进行统计分析与评价。其次介绍采用网络分析法评价中国上市公司企业社会责任参与度的过程与结果。随着我国双碳目标的提出，公众对企业环境责任的关注持续增强，最后介绍采用网络分析法评价中国上市公司企业环境责任参与度的过程与结果。

3.1 中国上市公司企业社会责任报告披露分析与评价

本节以2008—2021年我国A股上市公司披露的企业社会责任报告为样本。所有数据来自中国证券市场与会计研究数据库（CSMAR）以及润灵企业社会责任评级数据库（RKS）。CSMAR和RKS在企业社会责任报告信息的收集上侧重点虽有不同，但在基本方面仍有许多共同点。出于几个客观原因，本节有时需要同时使用这两个数据源。第一个原因是数据的准确性。RKS作为中国最早的专业CSR评级机构之一，从2008年开始评估中国上市公司披露的所有企业社会责任报告，而CSMAR在企业社会责任报告相关信息的收集方面起步较晚，早期企业社会责任数据多为回顾性收集。因此，就早期数据的准确性而言，RKS 优于 CSMAR。第二个原因是数据的可用性。因为自 2018 年起，RKS 转向评估中证 800 指数（CSI 800）公司的环境、社会和治理（ESG）表现，评估对象、评估内容及评价标准均发生了很大变化。为了保持中国上市公司社会责任报告相关数据的可比性，RKS 的数据截至 2017 年（2018 年发布的数据为 2017 年的数据）。综上所述，为尽可能使用准确、可得的数据研究中国上市公司社会责任报告披露的历史概况，必要时会同时使用 RKS 和 CSMAR 两个数据来源。

3.1.1　中国上市公司企业社会责任报告披露分析

（1）中国上市公司企业社会责任报告披露总体趋势分析

从 2008 年到 2021 年中国上市公司发布的企业社会责任报告数量呈上升趋势（见图 3-1）。但随着上市公司总数逐年增加，企业社会责任报告披露比例（等于每年中国上市公司发布的企业社会责任报告数量除以当年中国上市公司总数）除 2008 年外，每年基本保持在 24%—30% 之间。这表明，中国上市公司披露的企业社会责任报告数量虽然逐年递增，但披露比例与发达国家相比仍有较大差距。

依据披露意愿，中国上市公司企业社会责任报告可分为强制性披露和自愿性披露两种。分析结果显示，2010 年主动披露的企业社会责任报告数量仅为 145 份，不到强制披露企业社会责任报告数量的一半。随后自愿披露的企业社会责任报告数量逐年增加，到 2017 年自愿披露的企业社会责任报告数量首次超过强制披露的企业社会责任报告数量，并在 2018—2021 年延续了这一趋势（见图 3-2）。这一结果表明，越来越多的中国上市公司意识到企业社会责任报告对公司发展的重要性，愿意主动披露企业在社会责任方面的相关信息并以报告的形式公之于众。

第3章 中国上市公司企业社会责任分析与评价

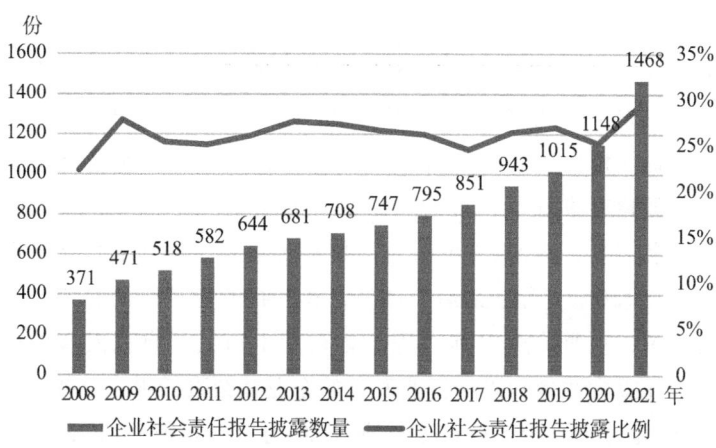

图3-1 中国上市公司发布的企业社会责任报告数量及披露率
资料来源：2008—2017年来自RKS数据库，2018—2021年来自CSMAR数据库。

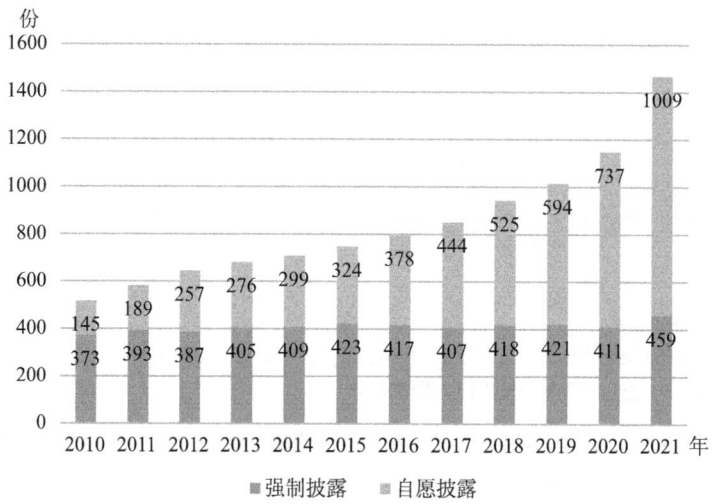

图3-2 中国上市公司强制性和自愿性披露的企业社会责任报告数量
资料来源：2008—2017年来自RKS数据库，2018—2021年来自CSMAR数据库。

根据披露企业社会责任报告行业板块的分布情况可知，2021年中国上市公司社会责任报告披露数量最多的行业为制造业（见

图3-3)。金融业紧随其后，发布了113份企业社会责任报告。接下来的五个行业披露数量在50—100份之间。第十大行业为建筑业，仅发布了30份企业社会责任报告。同时可以看出，各行业企业社会责任报告披露率（等于行业上市公司发布的企业社会责任报告总数除以该行业上市公司总数，如图3-3中实线所示），金融业排名第一，达到87.60%，而信息传输、软件和信息技术服务业仅占24.50%，位居最后。此外，在各行业已披露的企业社会责任报告中，自愿披露比例（等于各行业上市公司自愿发布的企业社会责任报告数量除以该行业发布的企业社会责任报告总数，如图3-3中虚线所示）在金融行业最低为0，其他行业则保持在50%—86%的范围内。

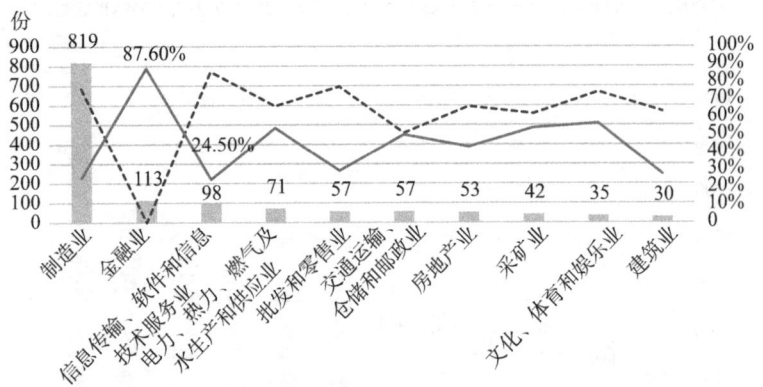

图3-3 2021年中国企业社会责任报告披露数量最多的前十大行业统计

资料来源：CSMAR数据库。

聘请独立第三方对企业社会责任报告进行审验是提升其可信度的有利保证。图3-4显示了2010—2021年中国上市公司经过第三方审验的企业社会责任报告的数量及比例。结果显示，在所分析的12年间，2019年发布的经第三方审验的企业社会责任报告数量最少，仅有 16 份，2021 年的数量最多，为 72 份，但随着上市公司数量逐年增加，鉴证比例始终低于 5%（如图 3-4 中的实线所示）。鉴于我国目前对企业社会责任报告由第三方鉴证没有强制性规定，企业仅以自愿形式完成委托。

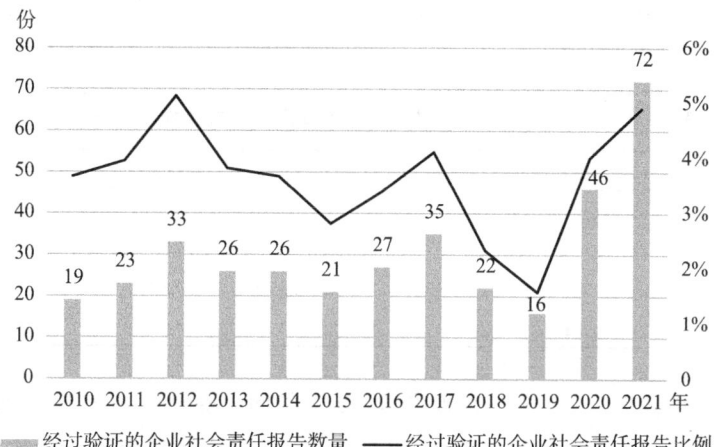

图 3-4　中国上市公司经过第三方验证的企业社会责任报告的数量和比例
资料来源：CSMAR 数据库。

（2）中国上市公司企业社会责任报告披露程度分析

润灵环球责任评级（RKS）是中国一家权威的第三方企业社会责任评级机构，致力于为社会责任投资者（SRI）、消费者和社会公众提供客观、科学的企业社会责任评级信息。RKS 对中国上市公司社会责任报告的评价主要依据中国上市公司以及其他权威网站披露的信息和数据，他们在每年年底公布评估结果。参考全球报告倡议组织（GRI）G3 指南、可持续发展报告评估指南和 ISO26000，RKS 自主研发了中国上市公司企业社会责任报告评级体系，包括四个一级指标：宏观（M）、内容（C）、技术（T）和工业（I）。每个一级指标下设置若干二级指标。该评价体系采用专家打分法评价企业社会责任报告，总分为 100 分。具体指标设置、打分标准和权重分配见 Zhong 等（2019）的附件 A。因此，RKS 发布的企业社会责任报告评价结果反映了中国上市公司企业社会责任报告中社会责任信息披露的程度。

为了分析中国上市公司企业社会责任报告的信息披露水平，本章根据 RKS 公布的评价分数将信息披露程度分为四个等级（见表 3-1）。

表 3-1　中国上市公司企业社会责任报告披露程度分类

披露程度	评价分数
高	75—100
中	50—75
低	25—50
极低	0—25

由图 3-5 可知，2009 年至 2017 年间，除极低披露程度呈下降趋势外，其他披露程度的企业社会责任报告数量均呈上升趋势，其中，低披露程度的企业社会责任报告数量增加最为显著，披露程度高的企业社会责任报告数量始终偏少，中等披露程度的企业社会责任报告数量始终未占主体地位，大部分企业社会责任报告处于低披露水平。

(3) 中国上市公司环境信息披露分析

依据三重底线理论，公司业务运营对环境的影响是企业社会责任关注的三大主题之一。自 1978 年改革开放之后，中国经济取得了巨大成就，但环境污染也成为必须面对的严峻挑战。它不仅影响人居环境，而且制约着我国经济的未来发展。中国上市公司是中国企业的杰出代表，是中国经济的中坚力量。因此，它们对企业活动对于环境影响的重视程度反映了中国环境问题的发展基调，这可从中国上市公司对环境信息披露中窥见一斑。图 3-6 统计了 2014 年至 2021 年中国上市公司在企业年报、社会责任报告或环境报告中

第 3 章　中国上市公司企业社会责任分析与评价

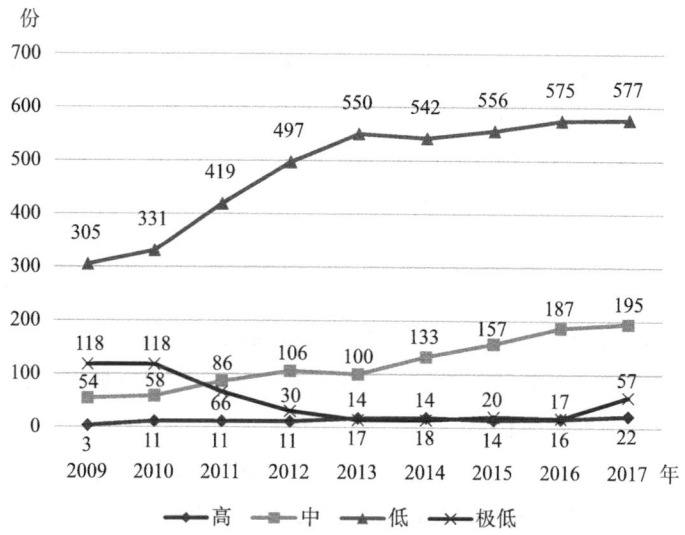

图 3-5　中国上市公司社会责任报告披露程度统计

资料来源：RKS 数据库。

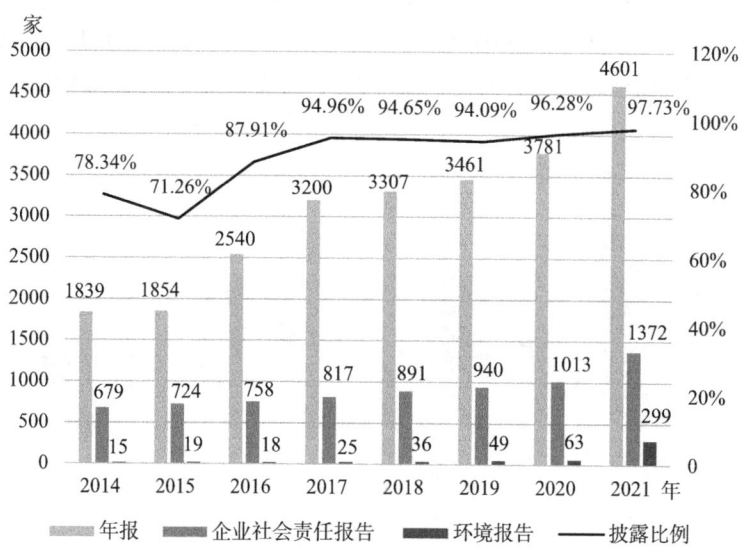

图 3-6　中国上市公司环境信息披露载体统计

资料来源：CSMAR 数据库。

披露环境信息的公司数量及比例。由统计结果可知，大多数公司在年报中披露环境信息，少数公司在企业社会责任报告中披露环境信息，有些公司还单独出具了环境报告专门披露环境信息，2021 年单独披露环境报告的公司数量增长显著至近 300 家。环境信息披露比例（披露环境信息的上市公司数量之和除以当年上市公司总数的比例）在 2015 年是 71.26% 为最低点，之后逐年递增到 2017 年为 94.96%，此后四年一直保持在 94% 之上，如图 3-6 中实线所示。如此高的环境信息披露比例，表明我国大多数上市公司都在主动或被动地考虑其经营活动对环境的影响并做出相应披露，这是改善环境状况的积极信号。

图 3-7 对中国上市公司所披露的环境信息内容进行了统计分析。由图 3-7 可知，从 2019 年到 2021 年我国上市公司环境信息披露最多的是环保理念，其次是环保管理制度体系和环境事件应急机制，最后是环保目标、环保教育与培训、环保专项行动、环保荣誉或奖励和"三同时"制度的披露。可见，我国上市公司在环境信息的披露上以理念、制度和应急机制为主，对实际环保行动的披露较少。

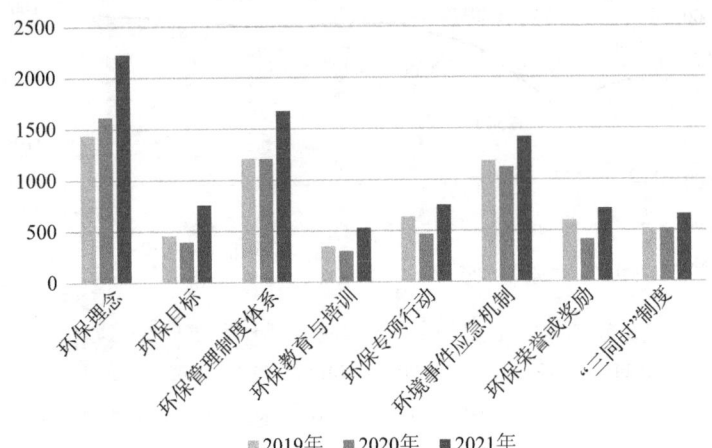

图 3-7 中国上市公司环境信息披露内容统计

资料来源：CSMAR 数据库。

3.1.2 中国上市公司企业社会责任报告披露评价

通过对2008—2021年中国上市公司企业社会责任报告披露情况的分析，可以看出中国上市公司在企业社会责任报告披露方面取得的成绩和不足。

（1）中国上市公司企业社会责任报告披露的可喜之处

一是中国上市公司披露的社会责任报告数量逐年增加。特别是自愿披露的社会责任报告数量增长迅速，2017年首次超过强制披露的社会责任报告数量，并在随后的四年间逐步攀升。从2021年企业社会责任报告披露数量最多的前十大行业来看，除金融业受政策要求的影响为强制披露外，其他行业自愿披露比例均高于他们的整体披露比例。这种可喜的趋势是受到早期鼓励自愿披露政策的影响，促使更多的上市公司关注企业社会责任，进而披露企业社会责任报告。在某种程度上，这证实了Suchman（1995）定义的组织合法性，即"在一个由规范、价值观、信仰和定义建构的社会体系中，实体的行为是可取的、适当的或合适的"。组织合法性对理解上市公司为应对日益增加的政治和社会压力而做出的自愿性社会和环境披露提供了一种强大的机制。不过这也可能是受到2016年发布的《关于构建绿色金融体系的指导意见》的影响，该指导意见通过提供大量优惠便利的金融服务，鼓励企业从事绿色项目并披露企业社会责任报告。

二是环境信息披露比例自2017年以来一直保持较高水平。部分上市公司专门发布环境报告，介绍企业经营活动对环境的影响。这种现象与中国政府对环境的高度重视密切相关。随着我国经济的不断发展，环境污染已成为一个严重的问题。七部委于2016年7月联合发布《关于构建绿色金融体系的指导意见》，要求列入环保部确定的重点排污企业名单的上市公司在2017年强制披露环境信息。2018 年不披露环境信息，必须说明原因。到 2020 年，所有上市公司必须强制披露环境信息。政府对环境信息公开的强制性要求导致了如此高的环境信息公开率。这一结果与国外作者的研究结果一致（Nikolaeva & Bicho, 2011; Cho & Patten, 2007），即企业社会责任的披露在减少合法性威胁或缩小合法性差距方面发挥着重要作用。

（2）中国上市公司企业社会责任报告披露的不足之处

必须指出的是，我国上市公司企业社会责任报告还存在一些不足。一是尽管中国上市公司的社会责任报告数量逐渐增加，但 2009 年至 2021 年的披露率始终保持在 24%—30% 的范围内，未见上升趋势。尽管一些公司在年度报告中披露了企业社会责任的相关信息，但在完整性和具体性方面这些信息与单独披露的企业社会责任报告相比还有较大差距。据此推断，还有很多上市公司没有或不完整地向公众披露其社会责任的相关信息。因此，社会责任报告整体披露情况不理想，仍有较大改进空间。依据大量已有研究的结论（Cambell, 2007; Aaronson & Reeves, 2002），政府的法规政策是促进企业社会责任履行和企业社会责任报告披露的重要制度力量，所以建议我国政府：①制定相应的法律法规，进一步增强企业履行和披露企业社会责任的意识；②提供行政审批权限、融资支持、税收优惠等激励措施，吸引企业更积极地参与社会责任实践并披露社会责任相关信息。

二是在已披露的企业社会责任报告中，经第三方审验的社会责任报告数量和比例均较低。企业社会责任报告的验证是其可信度提升的有力保证。欧洲会计师联合会认为，"如果企业社会责任报告所披露数据的真实性未加验证，那么它与广告活动无异，没有什么价值"。因此，大量未经核实的社会责任报告导致中国上市公司社会责任报告的整体可信度较低。梳理企业社会责任报告的相关规定

第3章 中国上市公司企业社会责任分析与评价

后发现，国家对于企业社会责任报告的核查并没有明确的要求。因此，为了提高中国上市公司社会责任报告的可信度，政府需要出台有关规定，对"鉴证人的独立性、鉴证人报告的内容和被鉴证的内容"做出明确规定，以确保企业社会责任报告可信度的有效提升，而不是作为一种广告性的宣传手段。

三是我国上市公司社会责任报告信息披露水平普遍不高。根据 RKS 发布的评价结果，尽管经过十余年的发展，我国上市公司发布的企业社会责任报告大部分仍处于低水平披露阶段，难以满足利益相关方对企业社会责任信息的需求（Ali et al., 2017）。从政策角度来看，部分原因是缺乏相关标准来指导企业编制社会责任报告。因此，若想提高企业社会责任报告的披露水平，除了依靠企业的主动性之外，还需要政府对披露的内容和程度做出统一的要求。

四是我国上市公司在环境信息披露内容上有待提升。虽然我国上市公司对环境信息披露的比例非常高，但在内容上披露最广泛的仅是环保理念，其次是环保管理制度体系和环境事件应急机制，对于环保目标、环保教育与培训、环保专项行动、环保荣誉或奖励和"三同时"制度的披露普遍较少。这种"形式优于内容，且内容上以虚为主，以实际行动为辅"的披露现状表明我国上市公司在环境信息披露上主要受政策所迫消极应对，从主观上没有真正认识到生态环境对国家经济长远发展的重要性。对于现状的改善，一方面，通过各种培训加强公司高管的环保意识；另一方面，国家在税收及融资方面给予相应的政策支持，鼓励公司把环保理念转换为环保目标，通过日常的环保教育与培训加强员工环保意识，常态化开展环保专项行动，并对优秀员工给予环保荣誉或奖励，认真落实"三同时"制度，这样才能将环保任务落实到位，环保信息披露的质量也随之提升。

3.2 中国上市公司企业社会责任参与程度评价

上一节对我国沪深 A 股上市公司企业社会责任报告信息披露情况进行了统计分析与评价，本节依据企业社会责任披露信息对我国上市公司企业社会责任参与度进行评价。

与现有文献（Sial et al., 2018; Wang & Lu, 2021）在评价企业社会责任时所采用的数据来源一致，本节以 CSMAR 数据库收集的企业社会责任报告和年度报告中涉及的企业社会责任的相关信息为依据，通过构建企业社会责任参与指数（Corporate Social Responsibility Participation Index, CSRPI），评价中国上市公司企业社会责任参与程度。CSMAR 从 11 个方面对上市公司企业社会责任的相关信息设置指标并进行统计，包括利益相关者（股东、债权人、员工、供应商、客户）的权益保护、环境与可持续发展、公共关系与社会公益、企业社会责任体系建设与完善、工作条件、企业社会责任缺陷披露和企业社会责任报告认证。根据公司是否披露相关信息，CSMAR 对每个指标设置虚拟变量，1 表示披露，0 表示未披露。一些研究（Gulzar et al., 2019; Sial et al., 2018）采用简单算术平均法评价上市公司的企业社会责任。该处理方法假设所有指标具有相同的重要性，因此它们被赋予相同的权重。然而，这些指标之间的关系往往是复杂且非线性的。根据统计指标的内容结合三重底线原则与利益相关者理论，本节将这 11 项指标分为三组：利益相关者责任、环境和社会责任，以及企业社会责任参与的综合评价。具体而言，利益相关者责任组包括财务利益相关者（股东和债权人）和业务利益相关者（员工、客户和供应商）权益的保护（Girerd‑Potin et al., 2014）。环境和社会责任组包括环境和可持续发展、公共关系和社会福利。其余四项指标属于企业社会责任参

第3章 中国上市公司企业社会责任分析与评价

与的综合评价组。表3-2列示了企业社会责任参与度的评价指标及其分组的详细信息。

表3-2 CSRPI的评价指标体系

符号	分组和指标	权重
A	利益相关者责任	
A1	股东权益保护	0.1011
A2	债权人权益保护	0.0348
A3	员工权益保护	0.1011
A4	供应商权益保护	0.0569
A5	保护客户和消费者的权益	0.1763
B	环境和社会责任	
B1	环境与可持续发展	0.2833
B2	公共关系和社会福利事业	0.0708
C	CSR参与的综合评价	
C1	社会责任制度建设及改善措施	0.0818
C2	安全生产内容	0.0350
C3	公司的不足	0.0350
C4	第三方机构对CSR报告的审验	0.0241

图3-8展示了目标（CSRPI）、各小组之间及小组内部各指标之间的关系。鉴于CSRPI评价指标之间呈现非线性的网络关系，本节借鉴已有文献的做法（Huang et al., 2005; Tsai et al., 2010; Okan et al., 2015; Poplawska et al., 2015），应用网络分析法（Analytic Network Process, ANP）确定各指标权重。ANP的第一步是创建与给定标准或目标相关的局部权重。通过成对标准比较计算权重，生成Saaty矩阵（Saaty, 1980, 1996）。第二步是通过在其中插入局部权重构建初始超矩阵。第三步是通过将初始超矩阵的列之和转换为1得到加权超矩阵，此时各状态下所有项目的概率之和

等于 1。最后一步是通过提升加权超矩阵得到没有循环的极限超矩阵。

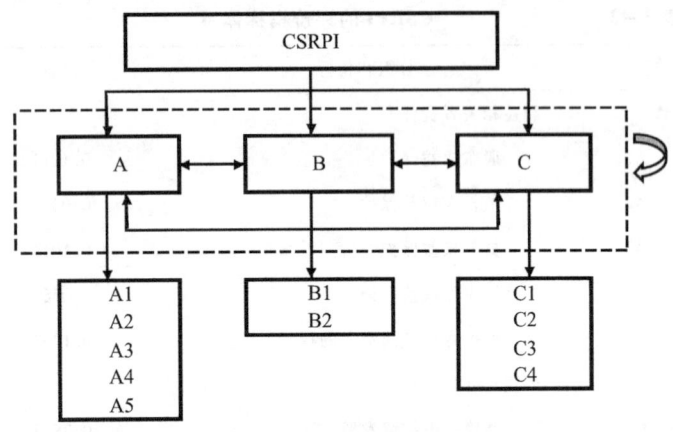

图 3-8 CSRPI 指标间关系示意图

图 3-9 显示由 Saaty 矩阵计算的局部权重放入超矩阵得到的加权超矩阵。依据所描述的过程计算出极限超矩阵，如图 3-10 所示，其中第一列是标准的全局权重。权重结果也显示在表 3-2 的最后一列中。它显示了指标之间重要性的差异。值得强调的是，为了突出企业对环境的影响是当前中国经济背景下企业社会责任参与度评价指标体系中最重要的衡量指标，其权重设置为所有指标中最高的。最后，中国上市公司的企业社会责任参与指数 CSRPI 是通过加权平均法计算得到的，取值范围为 [0, 1]。

图 3-11 汇总了中国 A 股上市公司 2016—2021 年企业社会责任参与指数分布图。2016 年我国 A 股上市公司企业社会责任参与指数头尾（头指 0＜CSRPI＜0.2，尾指 0.8＜CSRPI＜1）分布比重较高，中间（0.2＜CSRPI＜0.8）占比较为均匀。从 2017 年开始，上市公司企业社会责任参与指数在 0—0.2 之间的占比逐年下降，到 2021 年该阶段占比已微乎其微，而在 0.8—1 之间的占比逐年增

第 3 章 中国上市公司企业社会责任分析与评价

加。这一发展趋势表明我国 A 股上市公司企业社会责任参与程度整体向好。

	CSRPI	A	B	C	A1	A2	A3	A4	A5	B1	B3	C1	C2	C3	C4
CSRPI	0	0	0	0	0	0	0	0	0	0	0	0	0	0	0
A	0.5396	0.0000	0.8000	0.6667	0	0	0	0	0	0	0	0	0	0	0
B	0.2970	0.7500	0.0000	0.3333	0	0	0	0	0	0	0	0	0	0	0
C	0.1634	0.2500	0.2000	0.0000	0	0	0	0	0	0	0	0	0	0	0
A1	0	0.2150	0	0	1	0	0	0	0	0	0	0	0	0	0
A2	0	0.0740	0	0	0	1	0	0	0	0	0	0	0	0	0
A3	0	0.2150	0	0	0	0	1	0	0	0	0	0	0	0	0
A4	0	0.1210	0	0	0	0	0	1	0	0	0	0	0	0	0
A5	0	0.3750	0	0	0	0	0	0	1	0	0	0	0	0	0
B1	0	0	0.8000	0	0	0	0	0	0	1	0	0	0	0	0
B3	0	0	0.2000	0	0	0	0	0	0	0	1	0	0	0	0
C1	0	0	0	0.4650	0	0	0	0	0	0	0	1	0	0	0
C2	0	0	0	0.1990	0	0	0	0	0	0	0	0	1	0	0
C3	0	0	0	0.1990	0	0	0	0	0	0	0	0	0	1	0
C4	0	0	0	0.1370	0	0	0	0	0	0	0	0	0	0	1

图 3-9 CSRPI 权重的加权超矩阵

	CSRPI	A	B	C	A1	A2	A3	A4	A5	B1	B3	C1	C2	C3	C4
CSRPI	0	0	0	0	0	0	0	0	0	0	0	0	0	0	0
A	0	0	0	0	0	0	0	0	0	0	0	0	0	0	0
B	0	0	0	0	0	0	0	0	0	0	0	0	0	0	0
C	0	0	0	0	0	0	0	0	0	0	0	0	0	0	0
A1	0.1011	0.1371	0.0604	0.0558	1	0	0	0	0	0	0	0	0	0	0
A2	0.0348	0.0472	0.0208	0.0192	0	1	0	0	0	0	0	0	0	0	0
A3	0.1011	0.1371	0.0604	0.0558	0	0	1	0	0	0	0	0	0	0	0
A4	0.0569	0.0772	0.0340	0.0314	0	0	0	1	0	0	0	0	0	0	0
A5	0.1763	0.2392	0.1054	0.0973	0	0	0	0	1	0	0	0	0	0	0
B1	0.2832	0.2054	0.4973	0.1513	0	0	0	0	0	1	0	0	0	0	0
B3	0.0708	0.0514	0.1243	0.0378	0	0	0	0	0	0	1	0	0	0	0
C1	0.0818	0.0490	0.0452	0.2564	0	0	0	0	0	0	0	1	0	0	0
C2	0.0350	0.0210	0.0194	0.1097	0	0	0	0	0	0	0	0	1	0	0
C3	0.0350	0.0210	0.0194	0.1097	0	0	0	0	0	0	0	0	0	1	0
C4	0.0241	0.0144	0.0133	0.0755	0	0	0	0	0	0	0	0	0	0	1

图 3-10 CSRPI 权重的极限超矩阵

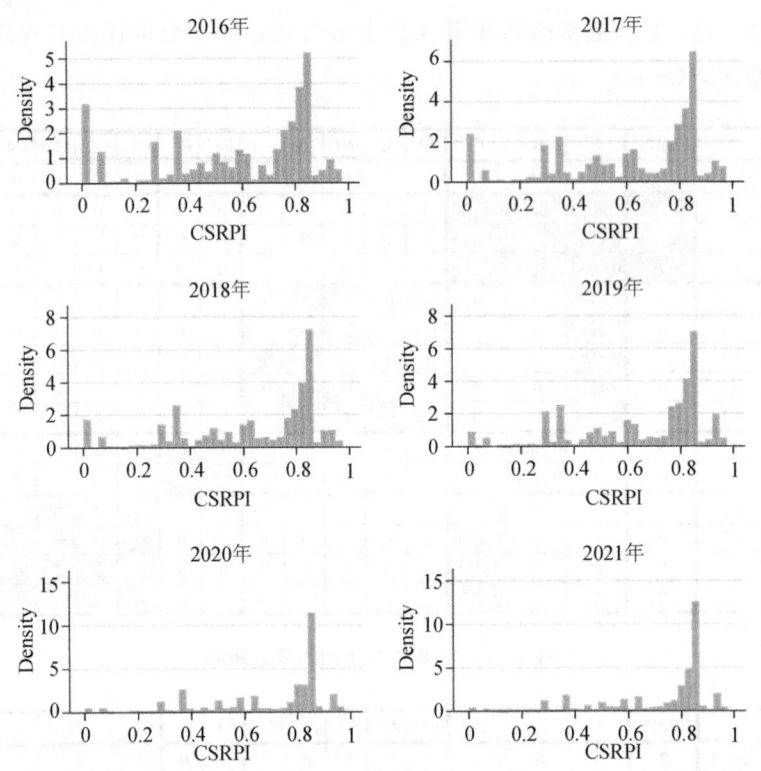

图 3-11　中国 A 股上市公司 2016—2021 年企业社会责任参与指数分布图

3.3　中国上市公司企业环境责任参与程度评价

　　近年来,随着"双碳"目标的推进和"两山"理论的践行,绿色发展已成为我国经济社会发展的重大战略之一。企业环境责任的履行在中国经济实现全面绿色转型的过程中具有重要的推动作用(陈爱珍和王闯,2023)。企业环境责任在理论上起步于企业社会责任,是企业社会责任的延伸与发展(周卫中和赵金龙,2017)。本节继上一节企业社会责任参与度评价之后,对我国上市公司企业

第3章 中国上市公司企业社会责任分析与评价

环境责任参与度进行专门评价。

参考陈爱珍和王闯（2023）评价企业环境责任的做法，本节通过构建企业环境责任参与指数（Corporate Environmental Responsibility Participation Index，CERPI），评估中国上市公司企业环境责任参与程度。企业环境责任参与指数与上节企业社会责任参与指数相似，均由两级评价指标体系构成。一级评价指标包括环保意识、环保活动和环保认可三个方面，二级评价指标包括环保理论、环保目标、环保管理制度体系、环保教育与培训、环保专项行动、环境事件应急机制、"三同时"制度、环保荣誉或奖励和是否通过 ISO14001 认证。指标数值均来自 CSMAR 数据库收集的企业环境责任相关信息。根据上市公司是否披露相关内容，CSMAR 数据库对每个指标设置虚拟变量，1 表示披露，0 表示未披露。一级指标与二级指标之间的对应关系如表 3-3 所示。

表 3-3　　　　　　　CERPI 的评价指标体系

符号	评价指标	权重
D	环保意识	
D1	环保理念	0.1354
D2	环保目标	0.2032
E	环保活动	
E1	环保管理制度体系	0.0363
E2	环保教育与培训	0.1258
E3	环保专项行动	0.1636
E4	环境事件应急机制	0.0774
E5	"三同时"制度	0.0670
F	环保认可	
F1	环保荣誉或奖励	0.0957
F2	是否通过 ISO14001 认证	0.0957

鉴于 CERPI 评价指标之间呈现非线性的网络关系（如图 3-12 所示），本节同样采用 ANP 的方法确定各指标权重，结果在表 3-3 最后一列显示。图 3-13 和图 3-14 分别为应用 ANP 法计算 CERPI 指标权重所用的加权超矩阵及最终所得的极限超矩阵。

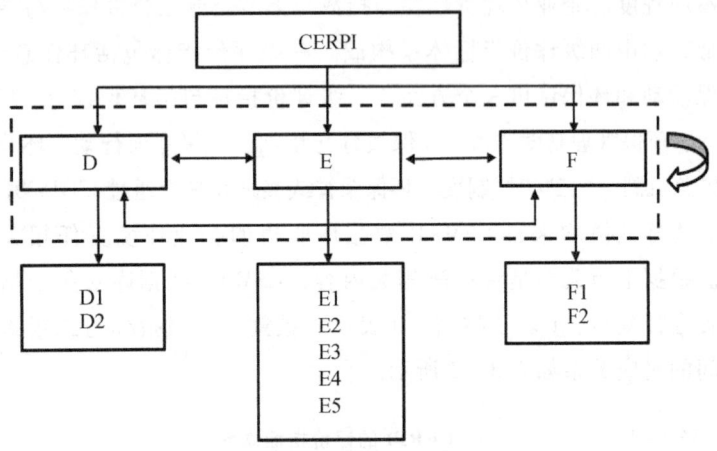

图 3-12　CERPI 指标间关系示意图

	CERPI	D	E	F	D1	D2	E1	E2	E3	E4	E5	F1	F2
CERPI	0	0	0	0	0	0	0	0	0	0	0	0	0
D	0.2857	0	0.6700	0.4000	0	0	0	0	0	0	0	0	0
E	0.5714	0.7500	0	0.6000	0	0	0	0	0	0	0	0	0
F	0.1429	0.2500	0.3300	0	0	0	0	0	0	0	0	0	0
D1	0	0.4000	0	0	1	0	0	0	0	0	0	0	0
D2	0	0.6000	0	0	0	1	0	0	0	0	0	0	0
E1	0	0	0.0772	0	0	0	1	0	0	0	0	0	0
E2	0	0	0.2676	0	0	0	0	1	0	0	0	0	0
E3	0	0	0.3481	0	0	0	0	0	1	0	0	0	0
E4	0	0	0.1646	0	0	0	0	0	0	1	0	0	0
E5	0	0	0.1425	0	0	0	0	0	0	0	1	0	0
F1	0	0	0	0.5000	0	0	0	0	0	0	0	1	0
F2	0	0	0	0.5000	0	0	0	0	0	0	0	0	1

图 3-13　CERPI 权重的加权超矩阵

	CERPI	D	E	F	D1	D2	E1	E2	E3	E4	E5	F1	F2
CERPI	0	0	0	0	0	0	0	0	0	0	0	0	0
D	0	0	0	0	0	0	0	0	0	0	0	0	0
E	0	0	0	0	0	0	0	0	0	0	0	0	0
F	0	0	0	0	0	0	0	0	0	0	0	0	0
D1	0.1354	0.2453	0.0950	0.0776	1	0	0	0	0	0	0	0	0
D2	0.2032	0.3680	0.1425	0.1163	0	1	0	0	0	0	0	0	0
E1	0.0363	0.0205	0.0486	0.0187	0	0	1	0	0	0	0	0	0
E2	0.1258	0.0712	0.1684	0.0647	0	0	0	1	0	0	0	0	0
E3	0.1636	0.0926	0.2190	0.0842	0	0	0	0	1	0	0	0	0
E4	0.0774	0.0438	0.1036	0.0398	0	0	0	0	0	1	0	0	0
E5	0.0670	0.0379	0.0897	0.0345	0	0	0	0	0	0	1	0	0
F1	0.0957	0.0603	0.0667	0.2821	0	0	0	0	0	0	0	1	0
F2	0.0957	0.0603	0.0667	0.2821	0	0	0	0	0	0	0	0	1

图 3-14　CERPI 权重的极限超矩阵

图 3-15 列示了中国 A 股上市公司 2016—2021 年企业环境责任参与指数历年分布图。由图 3-15 可知，2016 年我国 A 股上市公司企业环境责任参与指数明显集中在 0—0.1 之间，占比超过 15%。随后该阶段比例逐年下降，到 2021 年下降到 8% 左右。从 2019 年开始，0.2—0.4 之间的企业环境责任参与指数占比显著提升，之后逐年上升。0.6—1 之间的企业环境责任参与指数占比一直较低，直到 2021 年该阶段占比才略有显现。这一发展趋势表明我国 A 股上市公司企业环境责任参与程度虽然趋势向好，但整体水平依然较低，仍有很大的提升空间。

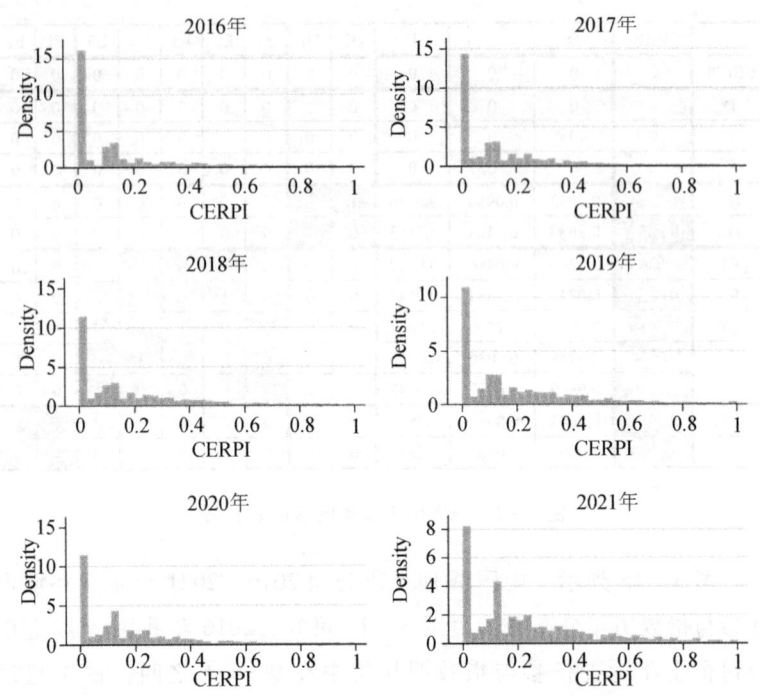

图 3-15 中国 A 股上市公司 2016—2021 年企业环境责任参与指数分布图

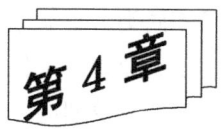

第4章 企业类型视角下盈利能力对企业社会责任的影响研究

4.1 引言

国内外学者在研究企业社会责任时，通常会从不同的角度对企业进行分类。例如，根据大股东的性质，企业可以分为国有企业（Chen et al.，2009；Carey et al.，2017）、家族企业（Adomako et al.，2019；Madden et al.，2020）和外资企业（陈怀超 等，2023）。根据企业规模，可分为大型企业（Arvidsson，2010；Parsa et al.，2021）和中小型企业（Jenkins，2006；Morsing & Spence，2019）。企业类型不同导致其参与社会责任活动的驱动力不同，进而导致其盈利能力对企业社会责任参与度的影响不同。

已有研究主要从企业社会责任在不同类型企业之间是否存在显著差异（买生 等，2016）的角度进行分析，鲜有文献从企业类型的角度分析企业盈利能力对企业社会责任的影响是否存在显著差异。因此，本章以企业类型为分析视角，先从理论上剖析各类企业参与社会责任的主要驱动力，进而分析其是否及如何受盈利能力的影响，并提出研究假设，然后通过实证研究检验假设并对结果进行分析，最后提出建议。

本章的潜在贡献有两方面：第一，本章探究了不同类型企业盈利能力影响企业社会责任参与度的作用机理，丰富了企业社会责任的理论研究；第二，本章的研究发现对比较不同类型企业盈利能力与企业社会责任关系的差异提供了充实的证据，为今后进一步厘清两者关系提供了有力的研究依据。

4.2 文献综述

4.2.1 企业社会责任的影响因素

学者在探讨企业社会责任的影响因素时，主要从外部宏观因素和企业内部特征两个角度展开。外部宏观因素主要指制度环境，比如法律、法规、政策或规章等正式制度和文化传统、风俗习惯等非正式制度（赖妍等，2021）。孙婷（2020）研究发现政府及社会舆论的压力越大，企业环境信息披露质量越高。王孝钰和高琪（2023）发现正式制度与商帮文化对企业社会责任信息披露的影响存在替代关系。从企业内部特征来看，现有文献主要从组织特征、公司治理和高管特征等方面来研究其与企业社会责任的关系。组织特征方面，已有文献主要围绕企业规模（Børing, 2019；Udayasankar, 2008）、行业特性（余方平等，2020；冯锋和张燕南，2019）、财务状况（刘晋飞，2013；Wu et al., 2021）等视角展开研究；公司治理方面，已有文献主要围绕企业社会责任委员会的设立及地位（薛有志和西贝天雨，2022）、公司治理机制（荆龙姣，2020；孙艳梅和陶利斌，2019）、股权结构（张柴，2016；成沛祥等，2015）和董事会特征（朱明秀和邵京京，2019；李文勤和徐光华，2017）等角度展开研究；高管特征方面，已有文献主要围绕高管的任期（朱乐和陈承，2020；林宏妹等，2020）、教育背景（高杨和黄明东，2023；郭玉冰等，2021），性别（黄珺和徐莹莹，2021；郭文忠和周虹，2020）和地缘关系（刘建秋和徐雨露，2022）等角度进行研究。

4.2.2 盈利能力与企业社会责任

虽然关于盈利能力对企业社会责任影响的实证结论尚未形成统一意见，但现有的大部分文献更支持正相关关系的结论。Clarkson 等（2011）以美国四个污染最严重的行业为样本，发现公司先前较好的财务资源导致了后续时期环境绩效的改善。Swandari 和 Sadikin（2016）基于印度尼西亚公司进行研究得出结论，盈利能力显著影响企业社会责任，因为"利润高的公司拥有实施企业社会责任计划的灵活性资金"。Giannarakis（2014）对2011年财富500强名单中的100家公司进行了抽样，发现盈利能力与企业社会责任披露的程度呈正相关。Li 和 Zhang（2010）及 Wu 等（2021）对中国的样本进行了研究，获得了相同的结果。不过，也有部分研究发现两者之间并不相关，比如 Dyduch 和 Krasodomska（2017）基于波兰的样本，Joshi 和 Hyderabad（2019）基于印度的样本，及 Reverte（2009）基于西班牙的样本，均发现两者之间并无显著关系。

4.2.3 企业类型与企业社会责任

企业类型或股权性质对企业参与社会责任的影响一直是学者们关注的问题之一。早期学者研究发现，国有持股和外资参股对于企业承担社会责任有显著正向影响，而民营控股对企业社会责任承担有显著负向影响（吕牧和尹世芬，2015）。随着我国经济的稳步发展，企业社会责任在不同企业的表现呈现新的发展趋势。近期研究发现，国有企业和民营企业在履行社会责任时均具有一定程度的偏好性。前者更偏好于内部利益相关者相关的社会责任；后者更加关注与外部利益相关者相关的社会责任（车密等，2022）。由公有制企业和国有企业改制形成的家族企业与创始人创业形成的家族企业在社会责任的履行上存在差异，创业家族企业履行社会责任的程度较高，且更为积极地履行对直接利益相关者的社会责任（程晨等，2022）。同时，家族企业交接班意愿对企业员工及社会慈善等企业社会责任的履行产生显著影响（陈怡欣和靳瑞杰，2023）。

通过对以往文献的回顾发现：国内外学者较多分别关注盈利能力和企业类型对企业社会责任履行的影响，鲜有将两者结合起来研究其对企业社会责任的影响。因此，本章从企业类型的视角出发，研究不同类型企业的盈利能力对企业社会责任的影响，有助于进一步认识企业盈利能力对不同类型企业在社会责任参与方面的差异化影响，丰富企业社会责任的影响因素研究。

4.3 理论分析与研究假设

4.3.1 盈利能力对企业社会责任的影响

企业社会责任通常代表一个相对较高的管理自由裁量权领域（Carroll，1979，1991），所以企业社会责任相关项目的实施对冗余资源特别敏感（McGuire et al.，1988）。Waddock 和 Graves（1997）提出了冗余资源理论（slack resource theory），认为更好的财务绩效可能会导致可用的冗余（财务和其他）资源。它允许公司投资于与企业社会责任相关的项目，如社区关系、员工福利、慈善捐赠或环境保护。如果企业有冗余资源可用并将这些资源分配给社会责任领域，就会产生较好的社会绩效。因此，企业财务绩效是企业社会绩效的有效预测指标。Shahzad 等（2016）将冗余资源进一步划分为财务冗余、人力资源冗余和创新冗余，并分别探讨它们如何影响企业社会责任。基于以上分析，本章提出假设 H4-1。

假设 H4-1：盈利能力对企业社会责任参与的影响是积极的。

4.3.2 企业类型异质性下盈利能力对企业社会责任的影响

基于不同类型企业盈利能力对企业社会责任参与度的敏感性不同，本章将企业分为家族企业（含企业所有权和董事会由家族成员控制的家族企业以及企业实际控制人为一个自然人且控制企业经营权的创始人企业）和非家族企业（国有企业和其他企业）。

美国学者 Gomez-Mejia 等（2007）创造性地提出了"社会情感财富（Social Emotional Wealth, SEW）"模型，即家族企业在制定战略与决策时除了经济因素之外，还会优先考虑家族声望、家族联系纽带、家族情感依赖、身份认同、家族传承、家族企业影响等社会情感财富。该模型已成为研究家族企业最有影响力的理论之一。大量关于家族企业与社会责任关系的研究均以社会情感财富模型为理论基础，认为家族企业为了维护其社会情感财富更倾向于履行企业社会责任（Lamb & Butler, 2018；López-González et al., 2019；Block & Wagner, 2014）。然而，迄今为止，家族企业与企业社会责任之间的关系尚无定论（Faller & ZuKnyphausen-Aufseß, 2018；Block & Wagner, 2014；Madden et al., 2020；Aguilar, 2018）。经分析发现，已有研究忽略了 Berrone 等（2012）强调的在应用社会情感财富模型时的一项重要内容："虽然社会情感财富保全是家族负责人的'高阶'参考点，但表现（指财务绩效）不佳是改变家族所有者损失框架的信息线索"。这是因为"表现不佳引发了双重威胁的幽灵：家庭生活水平可能面临严重的经济困难，以及社会情感财富灭绝的可能性"（Berrone et al., 2012）。这意味着当财务绩效表现不佳时，家族企业会首先考虑生存问题，并将战略制定的参考点从社会情感财富转移到经济因素上。换言之，家族企业会随着财务业绩的变化而调整相关企业社会责任战略的参照点。具体来说，当他们的盈利能力较好时，他们可能会更多地投资于企业社会责任以保护其社会情感财富；当他们的盈利能力较差时，他们往往会更加关心企业的财务成果并减少企业社会责任投资。因此，家族企业的盈利能力显著影响企业社会责任参与度。

社会政治理论，包括合法性理论、利益相关者理论和政治经济学理论，认为企业披露企业社会责任是为了应对来自利益相关者或资源提供商的外部社会和政治压力，以建立合法性或避免负面后果（Acar & Temiz，2020；Dobler et al.，2015）。国有企业因其企业性质及政治地位（商华等，2022），履行企业社会责任主要受市场拉动（行业竞争、企业形象和顾客需求）、政府驱动（法律法规和政府监管）和社会推动（媒体监督和社会组织监督）三方面驱动力的影响（张强忠等，2022）。Cao 等（2019）认为国有企业出于获得更好社会形象和公众知名度的需求或避免负面后果的动机，而愿意披露更多的企业社会责任信息。根据制度理论，国有企业通过三种类型的外部驱动力将企业社会责任活动付诸实践：强制驱动力、规范驱动力和模仿驱动力（Zhu & Zhang，2015）。因此，可以预见，国有企业因外部压力对企业社会责任的参与度较高。然而，也有一些学者认为国有企业的社会责任参与度相对较低。因为这些公司通常脱离市场机制、法人治理结构不成熟（Qiu，2013；Zhang et al.，2010）、缺乏管理者激励或项目管理技能（Cordeiro et al.，2018）。这些因素会限制有关利益相关者的愿望和以企业社会责任为导向的期望的意识和考虑。因此，理论上，尚不清楚国有企业是由于其大股东的特殊地位而倾向于从事更多的社会责任活动，还是受公司治理结构不成熟和管理技能有限的约束而制约其从事更多的社会责任活动。然而，很明显的是，无论基于哪种理论或观点，盈利能力都不是影响国有企业参与企业社会责任的关键因素之一。因此，本章中假设国有企业盈利能力对企业社会责任参与度的影响并不显著。

对于非家族的民营企业而言,他们既没有国有企业特定大股东从政治角度敦促他们履行企业社会责任(Cao et al.,2019;Zhu & Zhang,2015;Zhao & Patten,2016),也没有家族企业拥有保护社会情感财富的动机,以促使他们积极参与企业社会责任(Berrone et al.,2010;Cennamo et al.,2012)。因此,他们只是按照法规的基本要求来参与企业社会责任,这与他们的盈利能力或冗余资源无关。因此,本章中假设对于非家族民营企业,盈利能力对其企业社会责任参与的影响可以忽略不计。

基于上述分析,本章提出假设 H4-2:

假设 H4-2:家族企业盈利能力对企业社会责任参与的积极影响强于非家族企业。

4.4 研究设计

4.4.1 模型构建

在许多企业战略和管理案例中,感兴趣的因变量是比例或分数,即它的范围在[0,1]区间内。Papke 和 Wooldridge(1996)介绍了分数回归在经济学中的应用,Wooldridge(2010)添加了技术分析。通过方法比较,Villadsen 和 Wulff(2021)证明,分数回归是管理和战略研究人员感兴趣的以分数、比例或百分比形式存在的许多结果的最佳实践技术。在本章中,因变量企业社会责任参与度以企业社会责任参与指数 CSRPI 衡量,其取值范围为闭区间[0,1],且呈现为离散的非高斯分布状态。因此,分数回归模型适用于预期的模型估计(Baum,2008)。其次,本章旨在研究盈利能力对企业社会责任的影响(H4-1)以及企业类型对盈利能力与企业社会责任之间关系的调节作用(H4-2)。因此,我们设置分数回归模型（4-1）用于检验假设 H4-1，而带有交互项的分数回归模型（4-2）则用于检验假设 H4-2。

$$CSRPI_{i,t} = \beta_0 + \beta_1 ROE_{i,t} + \beta_2 SIZE_{i,t} + \beta_3 LEV_{i,t} + \beta_4 EOC_{i,t}$$
$$+ \beta_5 CH_{i,t} + \beta_6 R\&D_{i,t} + \beta_7 AGE_{i,t} + \beta_8 YEAR_{i,t} + \varepsilon$$
$$(4-1)$$

$$CSRPI_{i,t} = \beta_0 + \beta_1 ROE_{i,t} + \beta_2 FC_{i,t} + \beta_3 ROE_{i,t} \cdot FC_{i,t}$$
$$+ \beta_4 SIZE_{i,t} + \beta_5 LEV_{i,t} + \beta_6 EOC_{i,t} + \beta_7 CH_{i,t}$$
$$+ \beta_8 R\&D_{i,t} + \beta_9 AGE_{i,t} + \beta_{10} YEAR_{i,t} + \varepsilon \quad (4-2)$$

其中，i 代表企业，t 代表年份，$CSRPI$ 为企业社会责任参与指数，用于衡量企业 i 在 t 年份的企业社会责任参与度；ROE 是企业净资产收益率，表示公司盈利能力；FC 是表示企业类型的虚拟变量家族企业；$ROE \cdot FC$ 是净资产收益率和家族企业的交互作用项。其余为企业层面的控制变量：$SIZE$ 是资产规模，LEV 是资产负债率，EOC 是股权集中度，CH 是现金持有率，$R\&D$ 是研发支出率，AGE 是公司年龄，$YEAR$ 是样本企业所属年份；ε 是随机残差，β_0 为常数项，β_i 为变量系数。模型计算使用带有分数回归模块的 STATA17.0 软件处理。

4.4.2 变量选择与测度

（1）因变量

本章因变量为企业社会责任参与度，以企业社会责任参与指数（CSRPI）来衡量。借鉴 Wu 等（2023）对企业社会责任的评价方法，依据三重底线理论及利益相关者理论，构建多维评价指标体系。鉴于指标间的非线性关系，通过 ANP 法确定各指标权重，指标数值与多数文献一致（Sial et al.，2018；Gulzar et al.，2019），通过 CSMAR 数据库搜集企业社会责任相关信息。最终以加权平均法计算得出各样本企业的社会责任参与指数，指标具体设置及权重的计算过程见第 3 章第 2 节。

(2) 自变量

对于企业盈利能力的衡量，以往文献经常采用基于会计的指标和基于市场的指标（即相应公司股票的市场价格）（Kansal et al., 2014；Orlitzky et al., 2003）。由于我国资本市场不如发达国家成熟，股价通常不能反映公司的真实价值，有时甚至出现相反的情况。因此，本章采用了在许多基于中国样本研究中使用的传统的基于会计的盈利能力指标（Chen et al., 2018；Lin & Wu, 2014）。

许多基于会计的指标可以衡量公司的盈利能力，如资产回报率（ROA）、净资产收益率（ROE）、销售利润率（ROS）或每股收益（EPS）。会计回报取决于管理者对不同项目的任意资本配置和会计政策选择，从而反映内部决策能力和管理绩效（Orlitzky et al., 2003）。尽管 Alshehhi 等（2018）根据顶级期刊上的 132 篇论文发现，ROA 是最广泛使用的与盈利能力相关的财务绩效衡量指标，但它并不能保证公司价值的增加，因为没有考虑资本成本（Dluhošová et al., 2014）。公司价值的增加可能会导致更多的冗余资源可用。本章基于冗余资源理论研究了盈利能力对企业社会责任参与的影响，该理论认为更多的冗余资源对企业参与企业社会责任的决策产生正向影响。因此，ROA 并不是本章中衡量盈利能力的合适指标，而 ROS 是衡量营收回报的标准指标，但无论销售额如何，它都保持不变。因此，它也无法衡量一家企业通过其业务活动创造了多少冗余资源。Alshehhi 等（2018）发现第二个最常用的衡量指标是 ROE，它克服了 ROA 和 ROS 的上述缺点，可以很好地衡量企业创造冗余资源的能力。因此，本章采用 ROE 作为盈利能力的衡量指标。

(3) 调节变量

本章中考虑的调节变量是企业类型。基于不同类型企业的盈利能力对其参与企业社会责任的敏感度不同，将企业分为两大类：家族企业和非家族企业。

家族企业的界定方法很多，本章采用 Madden 等（2020）使用的摩根士丹利资本国际（MSCI）定义的家族企业概念，即家族企业，通常可以追溯到第一代或第二代创始人，在所有权和董事会成员中发挥着至关重要的作用。家族成员对股东投票可能没有绝对控制权（投票权超过 50%），但他们通常拥有至少 20% 的股份。由于许多研究通常将创始人企业纳入家族企业范围内（López-González et al., 2019；Adomako et al., 2019），因此本章也采用相同的方式进行研究。按照 MSCI 提出的创始人企业的定义对样本中符合条件的企业界定为创始人企业，即在某年公司的 CEO 或董事长就是公司的创始人。本章设置虚拟变量家族企业（FC）衡量调节变量企业类型，当样本企业符合家族企业或创始人企业的定义时，虚拟变量家族企业（FC）等于 1；当样本企业不符合家族企业或创始人企业的定义时，虚拟变量家族企业（FC）取值为 0。

(4) 控制变量

根据先前的文献，本章控制了可能影响企业社会责任参与的几个公司层面的因素，包括企业规模、财务杠杆、股权集中度、现金持有率、研发支出、企业年龄和样本企业所属期间。首先，已有研究表明，企业规模和财务杠杆在企业社会责任参与中起着至关重要的作用（Cordeiro et al., 2018；Li and Zhang, 2010）。本章对企业规模（SIZE）按总资产的自然对数计算，这是最常用的衡量企业规模的指标之一（Rodríguez-Ariza et al., 2017；Ali et al., 2017；Oh et al., 2011）；对财务杠杆以资产负债率衡量。其次，由于股权集中度可能与企业社会责任参与度呈正相关关系（Faller & ZuKnyphausen-Aufseß, 2018；Sufian & Zahan, 2013），也可能为负相关关系（Dam & Scholtens, 2013），本章对股权集中度（EOC）以第一大股东持股比例（Ducassy & Montandrau, 2015；Gao et al., 2019）来衡量。再次，如果一家公司持有较多的现金和有价证券，反映出该公司的资源约束较少，管理层的自由裁量空

第4章 企业类型视角下盈利能力对企业社会责任的影响研究

间更多,这可能会增强公司投资于企业社会责任的能力(Hasan & Habib,2017)。本章对企业现金持有率(CH)通过现金余额和有价证券之和与总资产的比率来衡量,这与 Hsu(2018)、Drobetz 等(2015)以及 Jiraporn 和 Withisuphakorn(2016)所采用方法一致。研发支出(R&D)是企业经营和发展的重要资源,对企业社会责任有强烈影响(Habib & Huang,2019;Surroca et al.,2010)。本章研发支出以研发费用占总资产的比率衡量(Clarkson et al.,2011)。而老公司在企业社会责任方面的投资要更多,尤其是在多样性和环境问题上(Jiraporn & Withisuphakorn,2016)。本章对公司年龄(AGE)采用公司成立以来年数的自然对数(Khan et al.,2013;Hasan & Habib,2017)来衡量。最后,回归分析中包括年份分类变量(YEAR)以控制时间的影响(Khan et al.,2021)。

各主要变量名称及具体描述如表4-1所示。

表4-1 变量描述

变量类型	变量名称	符号	描述
因变量	企业社会责任参与度	CSRPI	以 ANP 方法对 CSMAR 数据库中的企业社会责任披露的相关信息进行加权平均得到企业社会责任参与指数
自变量	盈利能力	ROE	净资产收益率
调节变量	企业类型	FC	虚拟变量,家族企业为1,否则为0
控制变量	企业规模	SIZE	总资产的自然对数
	财务杠杆	LEV	资产负债率
	股权集中度	EOC	第一大股东持股比例
	现金持有率	CH	现金余额和有价证券之和与总资产的比率
	研发支出	R&D	研发费用占总资产的比率
	企业年龄	AGE	企业成立以来年数的自然对数
	时间	YEAR	年份虚拟变量

4.4.3 样本选择与数据来源

本章以 2016—2021 年我国沪深 A 股上市公司为研究样本。在初步确定研究样本后,本章按照以下标准对样本做了筛选:①剔除了金融、保险业上市公司;②剔除数据缺失的上市公司;③对连续自变量进行了 1% 和 99% 分位上的缩尾处理。最终,共得到 21574 个有效观察值,样本企业各年在企业类型上的具体分布见表 4-2。研究所需全部数据均来自国泰安数据库 (CSMAR)。

表 4-2　　　　　样本企业各年企业类型分布　　　　　单位:家

企业类型	年份						
	2016	2017	2018	2019	2020	2021	合计
家族企业	1811	2120	2174	2183	2375	2542	13205
其中:创始人企业	510	571	592	600	646	655	3574
国有企业	1007	1021	1038	1086	1149	1225	6526
非家族民营企业	228	271	287	326	345	386	1843
合计	3046	3412	3499	3595	3869	4153	21574

4.5　实证结果与分析

表 4-3 总结了模型 (4-1) 和模型 (4-2) 所使用的所有变量的统计数据。对于 21574 个观测值,因变量 CSRPI 的最小值为 0,最大值为 0.976,平均值为 0.651,标准差为 0.255,总体中位数为 0.767,表明样本企业社会责任平均参与水平 (均值) 明显低于中位数水平。对 CSRPI 进行 Sktest (Skewness/Kurtosis) 检测,p 值为 0.0000,在 1% 处显著,故拒绝 CSRPI 正态分布的原假设。CSRPI 取值范围为闭区间 [0,1],且呈离散非高斯分布,如图

第4章 企业类型视角下盈利能力对企业社会责任的影响研究

4-1所示。自变量 ROE 的最小值为 -1.071，最大值为 0.403，均值为 0.051，表明样本企业的平均盈利能力偏低。调节变量 FC 的均值为 0.612，表明所有样本中有 61.2% 的公司为家族企业。控制变量均值与中位数基本相当，表明总体分布较为均衡。

表4-3　　　　　　　描述性统计分析

Variables	Mean	Std. Dev.	min	p5	Median	p95	max
CSRPI	0.651	0.255	0	0.071	0.767	0.941	0.976
ROE	0.051	0.185	-1.071	-0.224	0.073	0.232	0.403
FC	0.612	0.487	0	0	1	1	1
SIZE	22.256	1.325	19.714	20.388	22.082	24.751	26.337
LEV	0.427	0.209	0.064	0.115	0.413	0.8	0.974
EOC	0.331	0.145	0.084	0.126	0.308	0.604	0.734
CH	0.198	0.139	0.014	0.039	0.161	0.495	0.662
R&D	0.014	0.018	0	0	0.006	0.05	0.09
AGE	2.933	0.306	2.079	2.303	2.944	3.367	3.526

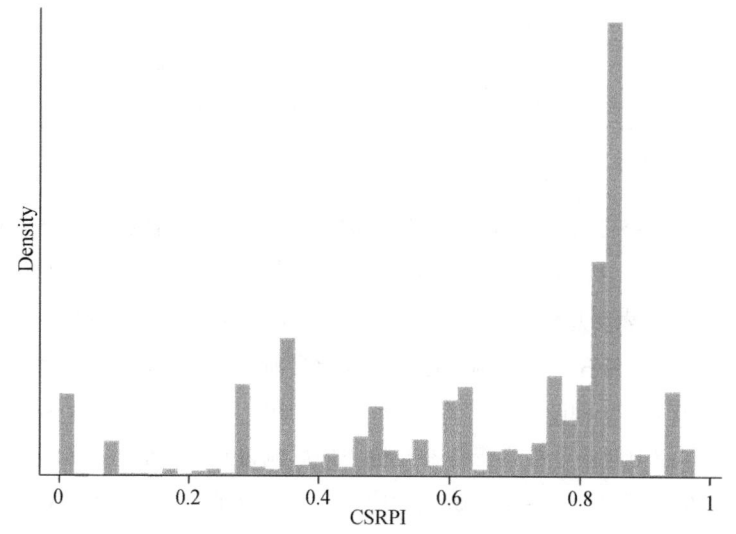

图4-1　企业社会责任参与指数分布图

表 4-4 显示了各变量之间 Pearson 相关性检验的统计结果。所有自变量的相关系数均小于 0.60，说明自变量之间充分独立，不存在多重共线性问题。此外，自变量 ROE 与因变量 CSRPI 的相关系数为 0.083，且在 5% 的水平上显著，初步证明盈利能力与企业社会责任参与水平呈正相关关系。而企业类型 FC 与 CSRPI 的相关系数为 -0.033，且在 5% 的水平上显著，初步判断家族企业与企业社会责任参与水平呈负相关关系。

表 4-4　　　　　　　相关性统计结果

Variables	(1)	(2)	(3)	(4)	(5)	(6)	(7)	(8)	(9)
(1) CSRPI	1								
(2) ROE	0.083*	1							
(3) FC	-0.033*	0.013	1						
(4) SIZE	0.216*	0.079*	-0.321*	1					
(5) LEV	0.002	-0.296*	-0.204*	0.450*	1				
(6) EOC	0.032*	0.163*	-0.096*	0.179*	-0.004	1			
(7) CH	-0.019*	0.196*	0.048*	-0.213*	-0.388*	0.069*	1		
(8) R&D	0.108*	0.030*	0.116*	-0.156*	-0.137*	-0.093*	0.188*	1	
(9) AGE	0.01	-0.087*	-0.216*	0.161*	0.168*	-0.066*	-0.077*	-0.030*	1

注：* 表示 5% 水平上显著。

表 4-5 展示了模型（4-1）和模型（4-2）的回归结果。在模型（4-1）中，ROE 的系数为正且具有统计学意义（β = 0.228，p < 0.01），表明总体上，ROE 的增加对中国上市公司积极参与企业社会责任活动具有积极影响。这一结果与之前的研究结果一致（Sial et al.，2018；Naciti，2019；Zahid et al.，2019）。因此，H4-1 假设企业盈利能力对企业社会责任参与度正向影响得到了验证。

在对模型（4-2）进行回归之前，借鉴以往文献（Guo & Shen，2019；Chen et al.，2012）对连续变量在交互项中的处理方法,先对 ROE 进行均值中心化处理,然后纳入模型分析,以便缓解多重共线性问题并促进主效应的解释。如表 4-5 所示,在模型 (4-2) 中,ROE 的系数为正但不具有统计学意义 ($\beta = 0.095$, $p > 0.1$),表明在考虑了企业类型的影响后,总体上 ROE 的增加不再对中国上市公司参与企业社会责任活动产生正向影响。其含义也可理解为当 FC 取值为 0 时,即对非家族企业而言,盈利能力对企业社会责任参与度的影响是不显著的。虚拟变量家族企业 FC 的系数为正且具有统计学意义 ($\beta = 0.030$, $p < 0.1$),表明与非家族企业相比,家族企业参与的企业社会责任活动较多。交互项 ROE·FC 的系数为正且具有统计学意义 ($\beta = 0.201$, $p < 0.05$),说明对家族企业而言,盈利能力与企业社会责任的关系更为积极显著。边际分析的结果更加证实了这一点,即对家族企业而言,ROE 显著正向影响 CSRPI,而非家族企业两者关系并不显著。因此,在假设 H4-2 中盈利能力对企业社会责任参与度的正向影响在家族企业中更加显著的假设得到了验证。图 4-2 直观地显示了企业盈利能力对社会责任参与度的影响在家族企业与非家族企业之间的差异。

表 4-5 模型的回归结果

Variables	Model (4-1)	Model (4-2)		
	CSRPI (logit)	CSRPI (logit)	Margins Non-Family	Margins Family
ROE	0.228***	0.095	0.021	0.065***
	(0.000)	(0.208)	(0.208)	(0.000)
FC		0.030*		
		(0.079)		
ROE·FC		0.201**		
		(0.025)		
SIZE	0.239***	0.242***	0.054***	0.053***
	(0.000)	(0.000)	(0.000)	(0.000)

续表

Variables	Model (4-1) CSRPI (logit)	Model (4-2) CSRPI (logit)	Margins Non-Family	Family
LEV	-0.618***	-0.614***	-0.136***	-0.135***
	(0.000)	(0.000)	(0.000)	(0.000)
EOC	-0.066	-0.063	-0.014	-0.014
	(0.216)	(0.241)	(0.241)	(0.241)
CH	-0.431***	-0.426***	-0.094***	-0.094***
	(0.000)	(0.000)	(0.000)	(0.000)
R&D	5.544***	5.483***	1.217***	1.205***
	(0.000)	(0.000)	(0.000)	(0.000)
AGE	-0.169***	-0.160***	-0.035***	-0.035***
	(0.000)	(0.000)	(0.000)	(0.000)
YEAR	Yes	Yes	Yes	Yes
_cons	-4.137***	-4.241***		
	(0.000)	(0.000)		

注：括号中为 t 值；***、** 和 * 分别表示1%、5%和10%水平上显著。

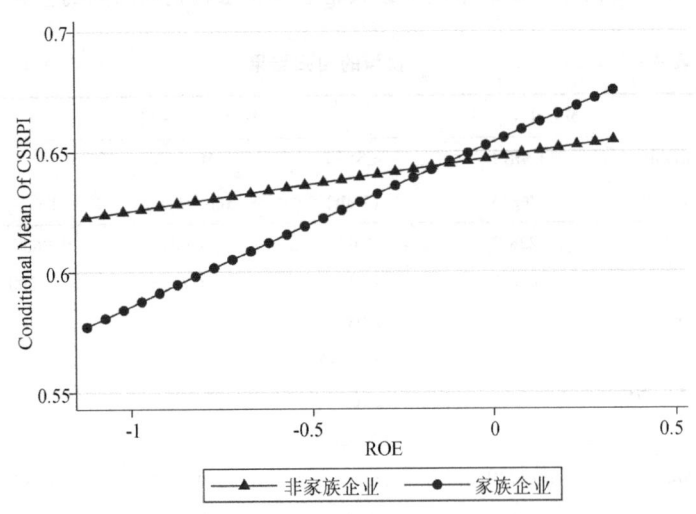

图4-2 不同类型企业盈利能力与社会责任参与度的关系

关于控制变量的回归结果发现，资产负债率 LEV 与 CSRPI 的回归系数为负，且在 1% 的水平上显著，说明随着企业负债水平的提高，管理者出于谨慎的态度降低了企业社会责任的参与水平；研发支出 R&D 的系数在 1% 的水平上显著为正，说明企业研发支出越高，研发能力越强，企业参与社会责任的成本越低，即研发支出对企业社会责任的参与产生了促进效应。

企业类型对盈利能力和企业社会责任参与度关系的调节作用由模型（4-1）和模型（4-2）检验。结果显示，模型（4-1）中 ROE 的系数显著为正，而模型（4-2）中 ROE 的系数虽为正但不显著。这表明当不考虑企业类型的影响时，盈利能力从整体上对企业社会责任参与的影响是积极显著的，但考虑企业类型的影响时，盈利能力对企业社会责任参与的影响是不显著的，这说明盈利能力对企业社会责任参与的影响对不同企业而言是有显著差异的。

家族企业（FC）对企业社会责任参与度的正向影响表明，在中国上市公司中，家族企业的社会责任参与度高于非家族企业。这一结果与许多现有研究的发现一致，即家族企业与企业社会责任活动呈正相关关系（Berrone et al., 2010；Cennamo et al., 2012；McGuire et al., 2012；Wu et al., 2012；陈建林和温正杰，2017）。Beirone 等（2012）认为家族企业从事企业社会责任活动可以从多个维度增加社会情感财富。比如，巩固家族企业与其商业伙伴之间的社会纽带，增强家族对企业的控制力、影响力并裨益企业在家族内的代际传承，增强家族成员的组织归属感和内部情感纽带。基于对社会情感财富的维护和增加，家族企业在参与社会责任方面的表现更优于非家族企业。

ROE 与 FC 的交互作用对企业社会责任参与度的影响为正向显著，这一结果支持假设 H4-2。根据社会情感财富理论，家族公司基于对家族社会情感财富的保护和增加，当其盈利能力较好时，愿意参与更多的社会责任活动，但当其盈利能力下降时，由于需要优先考虑生存问题,其战略焦点转向企业经营状况及结果,所以参与的社会责任活动会下降。因此,家族企业社会责任参与度会随着盈利能力的增加而增加,随着盈利能力的下降而下降。相比之下,国有企业由于特殊的企业性质和政治特点,其在社会责任履行方面具有显著的引领和示范作用(商华等,2022),受盈利能力的影响较小,而非家族的民营企业既没有国有企业特定大股东的敦促,也没有家族企业保护社会情感财富的动机,仅依据法律法规的规定参与企业社会责任的相关活动,所以非家族企业盈利能力对企业社会责任参与度的影响不大。综上,非家族企业在参与企业社会责任时受盈利能力的影响较少,而家族企业在参与企业社会责任时受盈利能力的影响较大。

4.6 稳健性分析

为了使研究结果更加稳健,本章从变量替换、回归方法替换和内生性检验三个方面进行稳健性检验。

4.6.1 企业盈利能力衡量指标的替换

自变量企业盈利能力的衡量指标很多,本章采用相对经济增加值(Economic Value Added rate,EVAr)作为自变量 ROE 的替代变量来衡量企业盈利能力。经济增加值(EVA)结合了剩余收益概念和现代企业融资原理。鉴于相对 EVA 考虑了所有资本成本,该指标在衡量企业创造冗余资源的能力方面比 ROE(净资产收益率)更优。本章相对经济增加值按以下方式计算,所需数据来自 CSMAR 数据库。

$$EVA_r = EVA/C = NOPAT/C - WACC,$$
$$NOPAT = NP + (int + R\&D - NI) \cdot (1-t),$$

第4章 企业类型视角下盈利能力对企业社会责任的影响研究

$$WACC = R_E \cdot E/A + R_D \cdot (1-t) \cdot D/A,$$
$$C = E + D - (int + CL + CP)$$

其中，NP 是净利润，int 是利息，$R\&D$ 是研发费用，NI 是营业外收入，t 是所得税率，R_E 是权益成本，R_D 是债务成本，D 是债务价值，E 是权益价值，A 是资产价值，C 是资本总额，CL 是流动负债，CP 是在建工程。

表4-6显示了将EVAr代入模型（4-1）和模型（4-2）后的回归结果。结果显示，家族企业FC在EVAr和CSRPI之间起到正向调节作用，这与表4-5模型（4-2）中以ROE衡量企业盈利能力的主回归结果一致，参数估计的显著性也相似。检验结果仍支持研究假设，本章研究结论未发生改变。

表4-6 变量替换的回归结果

Variables	Model (4-1)	Model (4-2)		
	CSRPI (logit)	CSRPI (logit)	Margins Non-Family	Family
EVAr	0.380***	0.171	0.038	0.101***
	(0.000)	(0.182)	(0.182)	(0.000)
FC		0.028*		
		(0.094)		
EVAr·FC		0.289**		
		(0.047)		
SIZE	0.237***	0.240***	0.053***	0.053***
	(0.000)	(0.000)	(0.000)	(0.000)
LEV	-0.609***	-0.607***	-0.135***	-0.134***
	(0.000)	(0.000)	(0.000)	(0.000)
EOC	-0.071	-0.068	-0.015	-0.015
	(0.184)	(0.207)	0.207	0.207

续表

Variables	Model (4-1) CSRPI (logit)	Model (4-2) CSRPI (logit)	Margins Non-Family	Family
CH	-0.441***	-0.435***	-0.096***	-0.096***
	(0.000)	(0.000)	(0.000)	(0.000)
R&D	5.478***	5.438***	1.207***	1.196***
	(0.000)	(0.000)	(0.000)	(0.000)
AGE	-0.167***	-0.160***	-0.035***	-0.035***
	(0.000)	(0.000)	(0.000)	(0.000)
YEAR	Yes	Yes	Yes	Yes
_cons	-4.082***	-4.199***		
	(0.000)	(0.000)		

注：括号中为 t 值；***、** 和 * 分别表示1%、5%和10%水平上显著。

4.6.2 回归模型的替换

回归模型类型也会影响实证结果。因此，可以通过与其他模型的结果进行比较来验证模型的稳健性。本章主回归分析应用 logit 分数回归进行数据统计，见表4-5中模型（4-1）和模型（4-2）的回归结果。在检验结果的稳定性时，本章应用 probit 分数回归模型替换 logit 分数回归模型。因为除了相似性之外，probit 和 logit 分数回归还有一些模型差异（Hahn & Soyer, 2005），probit 允许不同组之间存在异质性方差。如表4-7所示，采用 probit 分数回归模型（允许组间异质性方差存在）的结果与表4-5中模型（4-1）和模型（4-2）所示的主回归结果一致，包括统计显著性和调节效应。检验结果仍支持研究假设，本章研究结论未发生改变。

表4-7 模型替换的回归结果

Variables	Model (4-1) CSRPI (probit)	Model (4-2) CSRPI (probit)	Margins Non-Family	Family
ROE	0.1420***	0.0601	0.022	0.066***
	(0.000)	(0.193)	(0.193)	(0.000)
FC		0.0174*		
		(0.089)		
ROE·FC		0.1231**		
		(0.026)		
SIZE	0.1460***	0.1479***	0.054***	0.053***
	(0.000)	(0.000)	(0.000)	(0.000)
LEV	-0.3782***	-0.3757***	-0.136***	-0.135***
	(0.000)	(0.000)	(0.000)	(0.000)
EOC	-0.0411	-0.0389	-0.014	-0.014
	(0.205)	(0.231)	0.231	0.231
CH	-0.2637***	-0.2603***	-0.094***	-0.094***
	(0.000)	(0.000)	(0.000)	(0.000)
R&D	3.3248***	3.2870***	1.192***	1.183***
	(0.000)	(0.000)	(0.000)	(0.000)
AGE	-0.1035***	-0.0984***	-0.036***	-0.035***
	(0.000)	(0.000)	(0.000)	(0.000)
YEAR	YES	YES		
_cons	-2.5202***	-2.5814***		
	(0.000)	(0.000)		

注:括号中为t值;***、**和*分别表示1%、5%和10%水平上显著。

4.6.3 内生性检验

由于企业社会责任对盈利能力也有影响(朱乃平等,2014;

周国栋,2012),故需检验是否存在因反向因果产生的内生性问题。借鉴李子奈和潘文卿(2015)的做法,设置资产周转率(Asset turnover, AT)为工具变量,运用两阶段最小二乘法(two stage least squares, 2SLS)对基本回归模型进行重新估计。通过构建模型(4-3)以检验盈利能力(ROE)是否为内生变量。

$$ROE_{i,t} = \beta_0 + \beta_1 AT_{i,t} + \beta_2 SIZE_{i,t} + \beta_3 LEV_{i,t} + \beta_4 EOC_{i,t}$$
$$+ \beta_5 CH_{i,t} + \beta_6 R\&D_{i,t} + \beta_7 AGE_{i,t} + \beta_8 YEAR_{i,t} + \varepsilon$$
(4-3)

对模型(4-3)回归后得到残差 e,将其作为 ROE 的工具变量代入模型(4-1),结果如表 4-8 所示,e 的系数不显著,表明自变量 ROE 是同期外生变量,本研究不存在内生性问题。控制内生性问题后,盈利能力与企业社会责任仍显著正相关,说明了本研究结论的稳定性。

表 4-8 内生性检验的回归结果

Variables	Model (4-3) ROE (OLS)	Model (4-1) CSRPI (probit)
AT	0.143 *** (0.000)	
ROE		0.235 *** (0.000)
SIZE	0.081 *** (0.000)	0.239 *** (0.000)
LEV	-0.646 *** (0.000)	-0.617 *** (0.000)
EOC	0.185 ** (0.015)	-0.069 (0.198)

续表

Variables	Model (4-3) ROE (OLS)	Model (4-1) CSRPI (probit)
CH	0.081 (0.339)	-0.432*** (0.000)
R&D	0.593 (0.397)	5.551*** (0.000)
AGE	-0.056 (0.123)	-0.169*** (0.000)
YEAR	YES	YES
e		-0.003 (0.463)
_cons	-1.426*** (0.000)	-4.128*** (0.000)

注：括号中为t值；***、**和*分别表示1%、5%和10%水平上显著。

4.7 进一步分析

依据"三重底线"理论，企业环境责任是企业社会责任的重要组成部分。随着"双碳"目标的不断推进，企业在环境保护方面的责任履行备受关注。企业想走生态优先，绿色发展的高质量发展之路，环境与经济之间的协同效应是不可或缺的环节之一。然而，已有实证研究对企业环境责任与财务绩效之间的关系尚未形成一致结论（Hang et al., 2019；刘丽等，2017；杨小科和石颖，2015；Endrikat et al., 2014），而且早期研究发现家族企业在环境责任的履行上并没有表现出更多的优势（周卫中和赵金龙，2017）。我国于 2018 年正式提出经济转向高质量发展阶段，受该理念的影响及相关政策的鼓励，预期在此之后企业在环境责任方面的表现应有显著提升，盈利能力对环境责任的正向影响应有所加强，特别是家族企业为了维持良好的公众形象，避免违规处罚对于企业及家族的不利影响，在两者关系的表现上会优于非家族企业的表现。

基于以上分析，本节考察企业类型对盈利能力与环境责任之间关系的调节作用以及该调节作用在 2019 年之后（考虑政策的滞后性）是否存在显著改变。上市公司环境责任参与情况以企业环境责任参与度来衡量，详细的评价指标体系及权重的设定过程见第 3 章第 3 节。鉴于经济增加值可以更好地衡量企业创造冗余资源的能力，企业盈利能力以相对经济增加值（$EVAr = EVA/Total\ investment$）衡量。

表 4-9 汇总了不同时段企业类型异质性下盈利能力对企业环境责任的回归结果。由表 4-9 第 1 列和第 2 列的结果可知，在 2016—2021 年期间，企业盈利能力对环境责任参与度的回归系数为正，且在 1% 的水平上显著；家族企业的回归系数为负，且在 1% 的水平上显著；交互项系数为正，且在 1% 的水平上显著。这说明企业盈利能力对环境责任参与度的影响在所考察的整个期间内均显著为正，家族企业在环境责任参与方面显著低于非家族企业，但盈利能力对环境责任参与度的正向影响显著优于非家族企业。表 4-10 列示了不同类型企业盈利能力对环境责任参与度的平均边际效应。由表 4-10 前两行结果可知，在 2016—2021 年期间，家族企业盈利能力对环境责任参与度的平均边际效应为 0.18，而非家族企业仅为 0.108。两者相较可直观看到非家族企业盈利能力对环境责任参与度的正向影响与家族企业的差距。

第4章 企业类型视角下盈利能力对企业社会责任的影响研究

由表4-9第3列和第4列的结果可知,在2016—2018年期间,未考虑企业类型的影响时,企业盈利能力对环境责任参与度的回归系数为正,且在1%的水平上显著;考虑企业类型的影响后,企业盈利能力对环境责任参与度的回归系数并不显著,家族企业的回归系数为负,且在1%的水平上显著;交互项系数为正,且在5%的水平上显著。表4-10第3行和第4行的边际效应显示,2016—2018年期间非家族企业盈利能力对环境责任参与度的平均边际效应并不显著,而家族企业的平均边际效应为0.129,且在1%的水平上显著。这些结果说明在高质量发展理念正式提出之前,我国上市公司盈利能力对环境责任参与度的影响从整体上看是显著为正的,但区分企业类型来看,非家族企业盈利能力对环境责任参与度的影响并不显著,只有家族企业盈利能力对环境责任参与度的影响显著为正。不过,在企业环境责任参与方面家族企业显著低于非家族企业。

由表4-9第5列和第6列的结果可知,在2019—2021年期间,企业盈利能力对环境责任参与度的回归系数为正,且在1%的水平上显著;家族企业的回归系数为负,且在1%的水平上显著;交互项系数为正,且在5%的水平上显著。表4-10第5行和第6行的边际效应显示,2019—2021年期间非家族企业和家族企业盈利能力对环境责任参与度的平均边际效应分别为0.146和0.219,且均在1%的水平上显著。与2016—2018年期间的结果对比可知,家族企业与非家族企业在高质量发展理念正式提出后,盈利能力对环境责任参与度的影响均有显著提升;虽然家族企业在环境责任参与方面依然显著低于非家族企业,但盈利能力对环境责任参与度的正向影响还是显著优于非家族企业。结果表明,高质量发展思想已深入企业,企业对绿色发展理念已从被动接受转向主动探索阶段,政策的初步成效已呈现。

表4-9 不同时段企业类型异质性下盈利能力对环境责任的回归结果

Period	2016—2021年		2016—2018年		2019—2021年	
Variable	(4-1) CERPI (logit)	(4-2) CERPI (logit)	(4-1) CERPI (logit)	(4-2) CERPI (logit)	(4-1) CERPI (logit)	(4-2) CERPI (logit)
EVAr	1.055***	0.721***	0.732***	0.424	1.248***	0.915***
	(0.000)	(0.000)	(0.000)	(0.108)	(0.000)	(0.000)
FC		-0.184***		-0.268***		-0.126***
		(0.000)		(0.000)		(0.000)
EVAr·FC		0.607***		0.670**		0.550**
		(0.002)		(0.040)		(0.031)
SIZE	0.434***	0.416***	0.447***	0.421***	0.422***	0.411***
	(0.000)	(0.000)	(0.000)	(0.000)	(0.000)	(0.000)
LEV	-0.584***	-0.609***	-0.520***	-0.561***	-0.646***	-0.661***
	(0.000)	(0.000)	(0.000)	(0.000)	(0.000)	(0.000)
EOC	0.525***	0.471***	0.430***	0.334***	0.594***	0.563***
	(0.000)	(0.000)	(0.000)	(0.001)	(0.000)	(0.000)
CH	-0.869***	-0.905***	-0.913***	-0.985***	-0.910***	-0.930***
	(0.000)	(0.000)	(0.000)	(0.000)	(0.000)	(0.000)
R&D	4.071***	4.276***	3.686***	3.962***	3.944***	4.097***
	(0.000)	(0.000)	(0.002)	(0.001)	(0.000)	(0.000)
AGE	0.065**	0.016	0.064	-0.011	0.063	0.031
	(0.036)	(0.615)	(0.174)	(0.816)	(0.123)	(0.451)
YEAR	YES	YES	YES	YES	YES	YES
_cons	-11.500***	-10.840***	-11.778***	-10.794***	-10.879***	-10.435***
	(0.000)	(0.000)	(0.000)	(0.000)	(0.000)	(0.000)
Number	21568	21568	9957	9957	11611	11611

注：括号中为t值；***、**和*分别表示1%、5%和10%水平上显著。

第4章 企业类型视角下盈利能力对企业社会责任的影响研究

表 4-10 不同时段企业类型异质性下盈利能力
对企业环境责任的边际效应

Period	FC	Marginal effect	Std. Err.	z	P>|z|	LLCI	ULCI
2016—2021年	0	0.108	0.025	4.37	0	0.060	0.156
	1	0.180	0.017	10.56	0	0.146	0.213
2016—2018年	0	0.059	0.037	1.61	0.108	-0.013	0.131
	1	0.129	0.025	5.24	0	0.081	0.178
2019—2021年	0	0.146	0.034	4.27	0	0.079	0.213
	1	0.219	0.024	9.25	0	0.173	0.266

4.8 结论

本章基于不同企业盈利能力对企业社会责任参与度的敏感性不同，将企业分为家族企业和非家族企业。以中国沪深 A 股上市公司 2016—2021 年数据为研究样本，实证检验了企业类型对盈利能力对企业社会责任参与度影响的调节作用。实证结果表明：总体上，企业盈利能力对企业参与社会责任有显著积极的影响，但考虑企业类型的影响后发现，只有家族企业盈利能力对企业社会责任参与的影响是显著积极的，非家族企业盈利能力对企业社会责任参与的影响并不显著，且家族企业在社会责任参与方面显著优于非家族企业。进一步分析考察了不同类型企业盈利能力对企业社会责任所含环境责任的影响，发现虽然家族企业在环境责任参与方面显著低于非家族企业的表现，但其盈利能力对环境责任参与度的正向影响显著优于非家族企业。在高质量发展理念正式提出后，家族企业与非家族企业盈利能力对环境责任参与度的影响较之前均有显著提升；且家族企业在环境责任参与方面与非家族企业的差距在缩小。

本章研究有三个方面的贡献。第一，通过证明不同类型企业盈利能力对企业社会责任参与影响的迥异，更新了已有研究普遍认为两者关系在所有企业均为正的传统认知，为厘清两者真实关系提供了丰富翔实的证据。第二，通过对比分析发现 2019 年后我国上市公司盈利能力对环境责任影响有显著提升，为检验高质量发展理念及相关政策对企业绿色发展的实际影响提供了充分的证据。第三，本章的研究结果为政府有关部门制定企业社会责任方面的政策提供参考。鉴于家族企业参与社会责任和环境责任的主动性较强，今后的政策约束应向非家族企业倾向，以促进所有企业对社会责任的共同参与。

第5章
企业生命周期视角下盈利能力对企业社会责任的影响研究

5.1 引言

随着我国经济的高速发展,环境问题与社会问题日益凸显,导致政府、公众和学者对企业社会责任的承担问题格外关注。企业承担社会责任受多种因素的影响,比如制度压力、法规要求、社会预期、高管特质等。企业盈利能力也是公认的影响因素之一,已有关于企业盈利能力对社会责任履行的研究通常假定企业是同质的,忽略了企业发展过程的动态性。企业如同生物体一样,也具有生命周期,一般会经历初创期、成长期、成熟期和衰退期,而且企业在不同的生命周期阶段拥有的资源条件与发展动机不同,导致企业的盈利能力不同,进而导致其对企业社会责任履行产生的效应不同。由此可见,企业盈利能力对社会责任的影响是一个动态过程,随着企业处于不同生命周期阶段而不断变化,而这种动态影响的具体过程在现有文献中尚未得到充分的研究和探讨。

有鉴于此,本章基于企业生命周期理论,突破已有研究角度的单一性,以动态视角对企业盈利能力与社会责任参与的相关性进行实证研究。通过分析企业在不同生命周期阶段两者关系的差异性,探索盈利能力对社会责任参与的动态影响机制,进而发现我国上市公司在不同生命周期阶段企业资源向社会责任领域流入的倾向性变化,揭示我国企业在发展过程中主动参与社会责任的规律性,既为中外比较研究提供证据,又为企业可持续发展提供参考。

5.2 理论分析与研究假设

5.2.1 盈利能力对企业社会责任的影响

企业社会责任通常代表一个相对较高的管理自由裁量权领域（Carroll, 1979, 1991）,所以企业社会责任相关项目的实施对冗余资源特别敏感（McGuire et al., 1988）。Waddock 和 Graves（1997）提出了冗余资源理论（slack resource theory）,认为更好的财务绩效可能会导致可用的冗余（财务和其他）资源。它允许公司投资于与企业社会责任相关的项目,如社区关系、员工福利、慈善捐赠或环境保护。如果企业有冗余资源可用并将这些资源分配给社会责任领域,就会产生较好的社会绩效。因此,企业财务绩效是企业社会绩效的有效预测指标。Shahzad 等（2016）将冗余资源进一步划分为财务冗余、人力资源冗余和创新冗余,并分别探讨它们如何影响企业社会责任。虽然目前关于盈利能力对企业社会责任影响的实证研究尚未达成绝对共识,但现有大部分文献更支持正向关系的结论（Wu et al., 2021; Swandari & Sadikin, 2016; Giannarakis, 2014）。基于以上分析,本章提出假设 H5-1：

假设 H5-1：盈利能力对企业社会责任参与的影响是积极的。

5.2.2 企业生命周期对盈利能力与企业社会责任关系的影响

企业生命周期理论源自组织研究的相关文献,可以追溯到 20

第5章 企业生命周期视角下盈利能力对企业社会责任的影响研究

世纪六七十年代（Penrose，1959），至今已发展出众多企业生命周期模型。主要差异体现在生命周期所含的阶段数量和每个阶段组织的活动内容及特征等方面（Jawahar & McLaughlin，2001），但也存在一些共性内容（Lester et al.，2003）。本章使用典型的四阶段企业生命周期模型，包括"四个可识别但重叠的"阶段：初创阶段、成长阶段、成熟阶段和衰退阶段（Jawahar & McLaughlin，2001）。

企业的"动态资源基础观点（dynamic resource-based view）"阐明了组织能力随时间演变的一般模式和路径（Helfat & Peteraf，2003）。这种基于资源的观点认为，企业应该识别和培育有价值的、稀有的、无法模仿的和不可替代的资源（Chaharbaghi et al.，1999），因为它们是企业战略的基础（Wernerfelt，1984）和可持续竞争优势的内部来源（Barney，1991）。动态资源基础理论从组织能力的异质性来源以及竞争优势的资源和能力如何演变来解释企业能力的建立、发展和成熟（Helfat & Peteraf，2003）。处于不同生命周期阶段的企业拥有不同性质和级别的资源，这些资源影响着企业参与的社会责任活动（Hasan & Habib，2017）。根据动态资源基础观点，本章逐一分析企业在生命周期各阶段盈利能力对企业社会责任参与的影响。

处于生命周期初创阶段的企业通常规模小，缺乏稳定的客户群，具有"新者劣势（liability of newness）"（Stinchcombe，1965），且初始退出风险很高。初创阶段的企业高度看重市场份额收益和资本能力（Shahzad et al.，2019），他们无力承担与企业社会责任活动相关的投资，未来的可持续性也不确定（Park，2021）。产品一旦被市场认可，销量就会飙升，企业进入成长阶段。然而，面对激烈的市场竞争，成长阶段的企业必须专注于基础设施（Park，2021）、研发（R&D）和广告（Shahzad et al.，2019），以将其产品与竞争对手区分开来，进而实现高利润率以支持进一步发展，而企业社会责任显然不是其投资的重点之一。处于衰退阶段的企业通常缺乏资源和新计划（Shahzad et al., 2019）。他们很难在市场上找到进一步的增长机会，导致他们的市场份额下降、盈利能力恶化、债务增加和流动性下降（Miller & Friesen, 1984）。这些企业相当重视生存战略。如果财务业绩如此疲软的企业投资于企业社会责任，很可能会威胁到股东价值（Hasan & Habib, 2017）。因此，有限的经营能力、匮乏的资源基础和不同的发展动机限制了上述阶段企业将稀缺资源用于企业社会责任的相关项目，从而大大降低了他们的企业社会责任参与度。

成熟阶段的企业拥有稳固的客户群以及稳定且可预测的业绩和现金流（Jiraporn & Withisuphakorn, 2016）。在成熟阶段，企业的效率大大提高，但创新能力明显降低（Miller & Friesen, 1984）。面对来自竞争对手的威胁，成熟的企业可以选择一种战略来建立独特的声誉和公众认可度，以区别于其他企业（McWilliams et al., 2002）。更多地参与企业社会责任活动是实现这一目标的明智之举（Fombrun, 2005；Minor & Morgan, 2011）。此外，由组织成熟度产生的专业知识和能力使这些企业能够做出更有意义的企业社会责任贡献，而且经营规模较大的企业可以更有效地分配和使用资源，在提供专门企业社会责任计划的同时不会产生过高的额外成本（Udayasankar, 2008）。基于以上分析，良好的资源基础、超强的资源整合能力以及对独特战略的强烈需求，使成熟阶段的企业能够并愿意从事更多与企业社会责任相关的工作。

因此，基于上述分析，本章提出假设 H5-2：

假设 H5-2：相比处于企业生命周期其他阶段的企业，成熟阶段企业的盈利能力对企业社会责任参与的积极影响更强。

5.3 研究设计

5.3.1 模型构建

在本章中,因变量 CSRPI 的取值范围为闭区间 [0,1],且呈现为离散的非高斯分布状态。分数回归模型适用于预期的模型估计(Baum,2008)。本章旨在研究盈利能力对企业社会责任的影响(H5-1)以及企业生命周期对盈利能力与企业社会责任之间关系的调节作用(H5-2)。因此,我们设置分数回归模型(5-1)用于检验假设 H5-1,而带有交互项的分数回归模型(5-2)和模型(5-3)用于检验假设 H5-2。

$$CSRPI_{i,t} = \beta_0 + \beta_1 ROE_{i,t} + \beta_2 SIZE + \beta_3 LEV_{i,t} + \beta_4 EOC_{i,t}$$
$$+ \beta_5 CH_{i,t} + \beta_6 R\&D_{i,t} + \beta_7 AGE_{i,t} + \beta_8 YEAR_{i,t}$$
$$+ \beta_9 IND_{i,t} + \varepsilon \qquad (5-1)$$

$$CSRPI_{i,t} = \beta_0 + \beta_1 ROE_{i,t} + \beta_2 MC_{i,t} + \beta_3 ROE_{i,t} \cdot MC_{i,t}$$
$$+ \beta_4 SIZE_{i,t} + \beta_5 LEV_{i,t} + \beta_6 EOC_{i,t} + \beta_7 CH_{i,t}$$
$$+ \beta_8 R\&D_{i,t} + \beta_9 AGE_{i,t} + \beta_{10} YEAR_{i,t} + \beta_{11} IND_{i,t}$$
$$+ \varepsilon \qquad (5-2)$$

$$CSRPI_{i,t} = \beta_0 + \beta_1 ROE_{i,t} + \beta_2 CLC_{i,t} + \beta_3 ROE_{i,t} \cdot CLC_{i,t}$$
$$+ \beta_4 SIZE_{i,t} + \beta_5 LEV_{i,t} + \beta_6 EOC_{i,t} + \beta_7 CH_{i,t}$$
$$+ \beta_8 R\&D_{i,t} + \beta_9 AGE_{i,t} + \beta_{10} YEAR_{i,t} + \beta_{11} IND_{i,t}$$
$$+ \varepsilon \qquad (5-3)$$

其中,i 代表企业,t 代表年份,CSRPI 为企业社会责任参与指数,用于衡量企业 i 在第 t 年的企业社会责任参与度;ROE 是企业净资产收益率,表示企业盈利能力;MC 是虚拟变量,表示企业是否处于成熟阶段;ROE·MC 是净资产收益率和成熟企业的交互作用项；CLC 是分类变量，表示企业生命周期的每个阶段；ROE·CLC 是净资产收益率和企业生命周期的交互作用项。其余为企业层面的控制变量：SIZE 是资产规模，LEV 是资产负债率，EOC 是股权集中度，CH 是现金持有率，R&D 是研发支出率，AGE 是公司年龄，YEAR 是样本所属年份，IND 是公司所属行业；ε 是随机残差，β_0 为常数项，β_i 为变量系数。模型计算使用带有分数回归模块的STATA17.0 软件处理。

5.3.2 变量选择与测度

（1）因变量

本章因变量为企业社会责任参与度，以企业社会责任参与指数（CSRPI）来衡量。借鉴 Wu 等（2023）对企业社会责任的评价方法，依据三重底线理论及利益相关者理论，构建多维评价指标体系。鉴于指标间的非线性关系，通过 ANP 法确定各指标权重，指标数值与多数文献一致（Sial et al., 2018；Gulzar et al., 2019），来自 CSMAR 数据库搜集的企业社会责任相关信息。最终以加权平均法计算得出各样本企业的社会责任参与指数，指标具体设置及权重的计算过程见第 3 章第 2 节。

（2）自变量

以往文献经常以基于会计和基于市场的指标（即相应公司股票的市场价格）（Kansal et al., 2014；Orlitzky et al., 2003）衡量企业盈利能力。由于我国资本市场不如发达国家成熟，股价通常不能反映公司的真实价值，有时甚至出现相反的情况。因此，本章借鉴许多以中国企业为研究样本的文献（Chen et al., 2018；Lin & Wu, 2014）在指标选择上的确定方法，采用传统的以会计为基础的盈利能力指标作为自变量。

基于会计衡量公司盈利能力的指标众多，比如资产回报率（ROA）、净资产收益率（ROE）和销售利润率（ROS）等。会计

第5章 企业生命周期视角下盈利能力对企业社会责任的影响研究

回报取决于企业管理者对不同项目的任意资本配置和会计政策选择，从而反映内部决策能力和管理绩效（Orlitzky et al.，2003）。尽管 Alshehhi 等（2018）根据顶级期刊上的 132 篇论文发现，ROA 是最广泛使用的与盈利能力相关的财务绩效衡量指标，但它并不能保证公司价值的增加，因为没有考虑资本成本（Dluhošová et al.，2014），而公司价值的增加可能会导致更多的冗余资源可用。本章基于冗余资源理论研究盈利能力对企业社会责任参与的影响，该理论认为更多的冗余资源对企业参与企业社会责任的决策产生正向影响。因此，ROA 并不是本章中衡量盈利能力的理想指标。而 ROS 是衡量营收回报的标准指标，但无论销售额如何增长，它都保持不变。因此，它也无法衡量一家企业通过其业务活动创造冗余资源的能力。Alshehhi 等（2018）发现第二个最常用的衡量指标是 ROE，它克服了 ROA 和 ROS 的上述缺点，可以很好地衡量企业冗余资源的创造能力。因此，本章采用 ROE 作为盈利能力的衡量指标。

（3）调节变量

在现有关于企业生命周期的文献中，用于界定企业所属生命周期阶段的方法很多，如企业年龄（Jiraporn & Withisuphakorn，2016）、企业的增长性（urRehman et al.，2016；Lee & Choi，2018）、企业规模（Porter，2004）和留存收益与总资产的比率（DeAngelo et al.，2006）。这些方法潜在地将企业生命周期视为顺序模式。然而，一些研究认为企业生命周期并不遵循顺序模式（Lester et al.，2003；Miller & Friesen，1984）。因此，借鉴之前的研究（Park，2021；Shahzad et al.，2019；Zhao & Xiao，2019），本章采用 Dickinson（2011）现金流量方法来捕捉企业生命周期的动态特性。Dickinson（2011）认为现金流量反映了企业在盈利能力、成长性和经营风险等方面的差异性，因此建议使用经营活动净现金流（ONCF）、投资活动净现金流（INCF）和融资活动净现金流（FNCF）将企业分配到不同的生命周期阶段。这种划分方法的一个显著优点是,它并不意味着企业需严格按照生命周期的四个阶段顺序发展,而是允许企业在生命周期各阶段之间动态地来回移动(Drobetz et al.,2015)。如表 5-1 所示,Dickinson(2011)将三种现金流符号(正或负)组合可能产生的八种模式分为五个阶段:初创、成长、成熟、淘汰和衰退阶段。

表 5-1　　　　　　　企业生命周期阶段的各种划分

行	模式	1	2	3	4	5	6	7	8
A	Dickinson 划分	初创	成长	成熟	淘汰			衰退	
B	ONCF	-	+	+	+	+	-	-	-
C	INCF	-	-	-	+	+	-	+	+
D	FNCF	+	+	-	-	+	-	+	-
E	作者划分(CLC)	初创	成长	成熟				衰退	
F	作者划分(MC)	非成熟		成熟			非成熟		

Dickinson(2011)指出,鉴于已有文献关于淘汰阶段企业现金流量的相关特征没有提及,故如果现金流量模式不属于其他理论定义的阶段之一,则被默认划归为淘汰阶段。其他作者,如 Jawahar 和 McLaughlin(2001)以及 Gupta 和 Chin(1994),提出了四阶段的企业生命周期模型(不包括淘汰阶段)。故本章借鉴已有文献的分析将 Dickinson(2011)划分为淘汰阶段的三种情况进一步划归为成熟阶段或衰退阶段。具体来说,在淘汰阶段的三种情况中,对于表 5-1 中的模式 4 和模型 5:ONCF>0 表示企业经营活动正常进行;INCF>0 表示企业可能在处置部分资产;FNCF>0 表示企业有投资需求,或者 FNCF<0 表明企业正在像成熟企业一样回报投资者,这些信息表明这些企业更接近成熟阶段。对于模式 6,ONCF<0 表示企业经营活动异常,出现严重经营问题,预示着企业很可能进入衰退阶段。本章提出四阶段企业生命周期与现金流量符号之间的匹配关系建议如表 5-1 中的 E 行所示。在模型

(5-2) 中设置虚拟变量成熟企业（MC），将企业按生命周期划分为成熟阶段的企业和非成熟阶段的企业，如表 5-1 中 F 行所示。如果企业现金流量符号与模式 3、4 或 5 一致，则为成熟阶段的企业，MC 等于 1；否则，MC 等于 0。在模型（5-3）中设置多分类变量企业生命周期（CLC），按企业生命周期四阶段对样本企业进行划分，初创阶段的企业 CLC 等于 1，成长阶段的企业 CLC 等于 2，成熟阶段的企业 CLC 等于 3，衰退阶段的企业 CLC 等于 4，其中，将成熟阶段的企业设为参考组。

(4) 控制变量

根据先前的文献，本章控制了可能影响企业社会责任参与的几个企业层面的因素，包括企业规模、财务杠杆、股权集中度、现金持有率、研发支出、企业年龄和样本企业所属期间和行业。首先，已有研究表明，企业规模和财务杠杆在企业社会责任参与中起着至关重要的作用（Cordeiro et al., 2018；Li & Zhang, 2010）。本章对企业规模（SIZE）按总资产的自然对数计算，这是最常用的衡量企业规模的指标之一（Rodríguez - Ariza et al., 2017；Ali et al., 2017；Oh et al., 2011）；对财务杠杆以资产负债率衡量。其次，由于股权集中度可能与企业社会责任参与度呈正相关关系（Faller & ZuKnyphausen - Aufseß, 2018；Sufian & Zahan, 2013），也可能为负相关关系（Dam & Scholtens, 2013），本章对股权集中度（EOC）以第一大股东持股比例（Ducassy & Montandrau, 2015；Gao et al., 2019）来衡量。再次，如果一家企业持有较多的现金和有价证券，反映出该企业的资源约束较少，管理层的自由裁量空间更多，这可能会增强企业投资于社会责任领域的能力（Hasan & Habib, 2017）。本章对企业现金持有率（CH）通过现金余额和有价证券之和与总资产的比率来衡量，这与 Hsu（2018）、Drobetz 等（2015）以及 Jiraporn 和 Withisuphakorn（2016）所采用方法一致。研发支出（R&D）是企业经营和发展的重要资源，对企业社会责任有显著影响（Habib & Huang，2019；Surroca et al.，2010）。本章研发支出以研发费用占总资产的比率衡量（Clarkson et al.，2011）。随着年龄的增长，企业在社会责任方面的投资要更多，尤其是在多样性和环境问题上（Jiraporn & Withisuphakorn，2016）。本章对企业年龄（AGE）采用企业成立以来年数的自然对数（Khan et al.，2013；Hasan & Habib，2017）来衡量。最后，回归分析中包括年份分类变量（YEAR）和行业分类变量（IND）以控制时间和行业的影响（Khan et al.，2021）。

各主要变量名称及具体描述如表5-2所示。

表5-2　　　　　　　　变量描述

变量类型	变量名称	符号	描述
因变量	企业社会责任参与度	CSRPI	以ANP方法确定的企业社会责任参与指数
自变量	盈利能力	ROE	净资产收益率
调节变量	成熟企业	MC	虚拟变量，成熟企业为1，否则为0
	企业生命周期	CLC	初创阶段的企业CLC等于1，成长阶段的企业CLC等于2，成熟阶段的企业CLC等于3，衰退阶段的企业CLC等于4
控制变量	企业规模	SIZE	总资产的自然对数
	财务杠杆	LEV	资产负债率
	股权集中度	EOC	第一大股东持股比例
	现金持有率	CH	现金余额和有价证券之和与总资产的比率
	研发支出	R&D	研发费用占总资产的比率
	企业年龄	AGE	企业成立以来年数的自然对数
	时间	YEAR	年份分类变量
	行业	IND	行业分类变量

5.3.3　样本选择与数据来源

本章以2016—2021年我国沪深A股上市公司为研究样本。在

第 5 章　企业生命周期视角下盈利能力对企业社会责任的影响研究

初步确定研究样本后，本章按照以下标准对样本做了筛选：①剔除了金融、保险业上市公司；②剔除数据缺失的上市公司；③对连续变量进行了 1% 和 99% 分位上的缩尾处理。最终，共得到 21176 个有效观察值，样本企业各年在企业生命周期各阶段的具体分布如表 5-3 所示。研究所需全部数据均来自国泰安数据库（CSMAR）。

表 5-3　样本企业在企业生命周期各阶段分布　　单位：家

CLC	YEAR						
	2016	2017	2018	2019	2020	2021	Total
1 初创	384	529	353	247	269	465	2247
2 成长	1129	1259	980	964	1274	1224	6830
3 成熟	1211	1250	1756	2042	1912	1992	10163
4 衰退	224	329	363	301	312	407	1936
Total	2948	3367	3452	3554	3767	4088	21176

5.4　实证结果与分析

表 5-4 总结了模型（5-1）、模型（5-2）和模型（5-3）所使用的所有变量的统计数据。对于 21176 个观测值，因变量 CSRPI 的最小值为 0，最大值为 0.976，平均值为 0.653，标准差为 0.254，总体中位数为 0.767，表明样本企业社会责任平均参与水平（均值）明显低于中位数水平。对 CSRPI 进行 Sktest（Skewness/Kurtosis）检测，p 值为 0.0000，在 1% 处显著，故拒绝 CSRPI 正态分布的原假设。CSRPI 取值范围为闭区间 [0, 1]，且呈离散非高斯分布，如图 5-1 所示。自变量 ROE 的最小值为 -1.071，最大值为 0.403，均值为 0.050，表明样本企业的平均盈利能力偏低。调节变量 MC 的均值为 0.480，表明所有样本中有 48% 的公司

为成熟阶段的企业。控制变量均值与中位数基本相当,表明总体分布较为均衡。

表 5-4 描述性统计分析

Variables	Mean	Std. Dev.	min	p5	Median	p95	max
CSRPI	0.653	0.254	0	0.071	0.767	0.941	0.976
ROE	0.050	0.184	-1.071	-0.226	0.073	0.227	0.403
MC	0.480	0.5	0	0	0	1	1
CLC	2.557	0.801	1	1	3	4	4
SIZE	22.279	1.314	19.714	20.445	22.102	24.754	26.337
LEV	0.427	0.209	0.064	0.115	0.414	0.8	0.974
EOC	0.331	0.145	0.084	0.126	0.307	0.604	0.734
CH	0.198	0.139	0.014	0.039	0.161	0.493	0.662
R&D	0.014	0.018	0	0	0.006	0.05	0.09
AGE	2.935	0.304	2.079	2.398	2.944	3.367	3.526

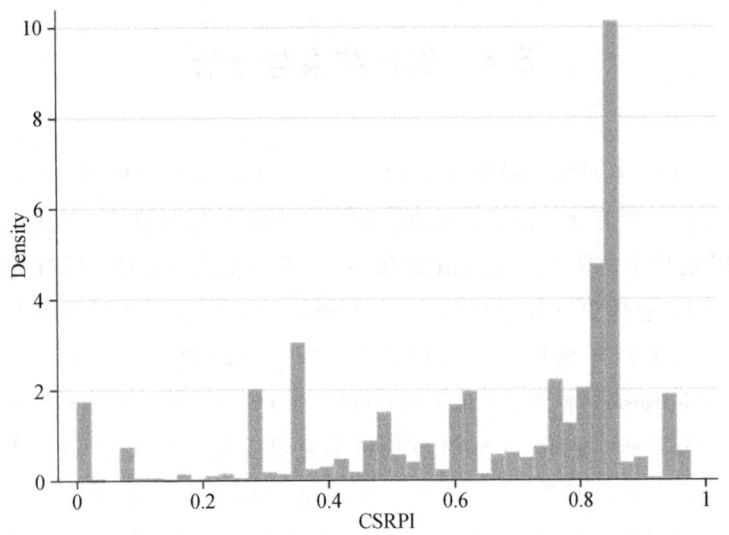

图 5-1 企业社会责任参与指数分布图

第 5 章 企业生命周期视角下盈利能力对企业社会责任的影响研究

表 5-5 显示了各变量之间 Pearson 相关性检验的统计结果。所有自变量的相关系数均小于 0.60，说明自变量之间充分独立，不存在多重共线性问题。此外，自变量 ROE 与因变量 CSRPI 的相关系数为 0.086，且在 5% 的水平上显著，初步证明盈利能力与企业社会责任参与水平呈正相关关系。而调节变量 MC 与 CSRPI 的相关系数为 0.056，且在 5% 的水平上显著，初步判断成熟企业与企业社会责任参与水平呈正相关关系。

表 5-5   相关性统计结果

Variables	(1)	(2)	(3)	(4)	(5)	(6)	(7)	(8)	(9)
(1) CSRPI	1.000								
(2) ROE	0.086*	1.000							
(3) MC	0.056*	0.040*	1.000						
(4) SIZE	0.211*	0.089*	0.047*	1.000					
(5) LEV	0.002	-0.300*	-0.090*	0.450*	1.000				
(6) EOC	0.032	0.161*	0.062*	0.184*	-0.002	1.000			
(7) CH	-0.017*	0.200*	0.051*	-0.213*	-0.392*	0.070*	1.000		
(8) R&D	0.106*	0.025	0.071*	-0.157*	-0.136*	-0.098*	0.191*	1.000	
(9) AGE	0.010	-0.079*	0.100*	0.162*	0.171*	-0.062*	-0.079*	-0.030*	1.000

注：* 表示 p < 0.05。

表 5-6 展示了模型（5-1）、模型（5-2）和模型（5-3）的回归结果。在模型（5-1）中，ROE 的系数为正且具有统计学意义（β = 0.190，p < 0.01），表明总体上 ROE 的提升对中国上市公司积极参与企业社会责任活动具有显著的正向影响。这一结果与之前研究（Sial et al., 2018；Naciti, 2019；Zahid et al., 2019）发现一致。因此，H5-1 企业盈利能力正向影响企业社会责任参与度的假设得到了支持。

表 5-6　　　　　　　　　模型的回归结果

Variables	(5-1) CSRPI (logit)	(5-2) CSRPI (logit)	(5-3) CSRPI (logit)
ROE	0.190***	0.176***	0.217***
	(0.000)	(0.004)	(0.001)
MC		0.068***	
		(0.000)	
ROE·MC		0.036	
		(0.678)	
CLC			
CLC (1)			-0.089***
			(0.001)
CLC (2)			-0.028
			(0.110)
CLC (4)			-0.156***
			(0.000)
ROE·CLC (1)			-0.005
			(0.970)
ROE·CLC (2)			-0.252*
			(0.054)
ROE·CLC (4)			-0.107
			(0.334)
SIZE	0.254***	0.252***	0.248***
	(0.000)	(0.000)	(0.000)
LEV	-0.492***	-0.471***	-0.470***
	(0.000)	(0.000)	(0.000)
EOC	-0.073	-0.084	-0.083
	(0.185)	(0.126)	(0.131)

续表

Variables	(5-1) CSRPI (logit)	(5-2) CSRPI (logit)	(5-3) CSRPI (logit)
CH	-0.216***	-0.219***	-0.225***
	(0.001)	(0.000)	(0.000)
R&D	4.333***	4.240***	4.192***
	(0.000)	(0.000)	(0.000)
AGE	-0.125***	-0.136***	-0.128***
	(0.000)	(0.000)	(0.000)
YEAR	YES	YES	YES
IND	YES	YES	YES
_cons	-4.698***	-4.642***	-4.503***
	(0.000)	(0.000)	(0.000)

注：括号中为t值；***、**和*分别表示1%、5%和10%水平上显著。

在对模型（5-2）进行回归之前，借鉴以往文献（Guo & Shen, 2019; Chen et al., 2012）对连续变量在交互项中的处理方法，先对 ROE 进行均值中心化处理，然后纳入模型分析，以便缓解多重共线性问题并促进主效应的解释。如表5-6所示，在模型（5-2）中，ROE 的系数为正且具有统计学意义（β=0.176，p<0.01），表明在考虑了企业生命周期的影响后，ROE 的增加仍对中国上市公司积极参与企业社会责任活动产生正向影响。其含义也可理解为对非成熟阶段的企业而言（MC 取值为0时），盈利能力对企业社会责任参与度的影响是显著的。虚拟变量成熟企业 MC 与 CSRPI 显著正相关（β=0.068，p<0.01），表明与非成熟阶段的企业相比，成熟阶段企业参与的企业社会责任活动更多。交互项 ROE·MC 与 CSRPI 无显著关系（β=0.036，p>0.1），说明成熟阶段企业 ROE 对 CSRPI 的影响与非成熟阶段企业一致，并未增强盈利能力对企业社会责任参与度的影响。表 5-7 显示边际分析的结果直接证实了这一点，即对成熟阶段企业和非成熟阶段企业而言，ROE 均显著正向影响 CSRPI。因此，H5-2 盈利能力与企业社会责任参与度之间的正向关系在成熟阶段企业中更加显著的假设未得到验证。

在对模型（5-3）进行回归之前，同样先对 ROE 进行均值中心化处理。表 5-6 第四列显示了以成熟阶段企业（CLC=3）为参照组的回归结果。ROE 的系数为正且具有统计学意义（$\beta=0.217$，$p<0.01$），表明在考虑了企业生命周期的影响后，中国上市公司对企业社会责任活动的参与随着 ROE 的增加而增加。在调节变量企业生命周期 CLC 中，初创阶段企业（CLC=1）的系数为负且具有统计学意义（$\beta=-0.089$，$p<0.01$），成长阶段企业（CLC=2）的系数为负但不具有统计学意义（$\beta=-0.028$，$p>0.1$），衰退阶段企业（CLC=4）的系数为负且具有统计学意义（$\beta=-0.156$，$p<0.01$），说明初创阶段和衰退阶段企业的社会责任参与度与成熟阶段企业相比显著较低，而成长阶段企业与成熟阶段企业在社会责任参与度方面的差异并不显著。交互项中仅有 ROE·CLC（2）显著为负，其他交互项均不显著，说明与成熟阶段企业相比，只有成长阶段企业盈利能力对企业社会责任参与度的影响是显著减弱的，而初创阶段和衰退阶段与成熟阶段企业相比，其盈利能力对企业社会责任参与度的影响并未显著减弱。

平均边际效应分析结果显示，初创阶段与成熟阶段企业 ROE 对 CSRPI 平均边际效应均为 0.047，且分别在 10% 和 1% 的水平上显著，说明企业在初创和成熟阶段盈利能力对企业社会责任参与的影响都是显著正向的；而成长阶段与衰退阶段企业 ROE 对 CSRPI 平均边际效应均不显著，说明企业在成长与衰退阶段盈利能力对企业社会责任参与的影响都是不显著的，如表 5-7 所示。图 5-2 直

第 5 章 企业生命周期视角下盈利能力对企业社会责任的影响研究

观地显示了在企业生命周期各阶段盈利能力对社会责任参与度的影响差异。

表 5-7　ROE 在调节变量下对 CSRPI 的平均边际效应

Moderator	Marginal effect	Std. Err.	z	P>|z|
MC				
0	0.039	0.014	2.85	0.004
1	0.046	0.014	3.2	0.001
CLC				
1	0.047	0.027	1.78	0.075
2	-0.008	0.026	-0.3	0.766
3	0.047	0.014	3.29	0.001
4	0.025	0.021	1.18	0.24

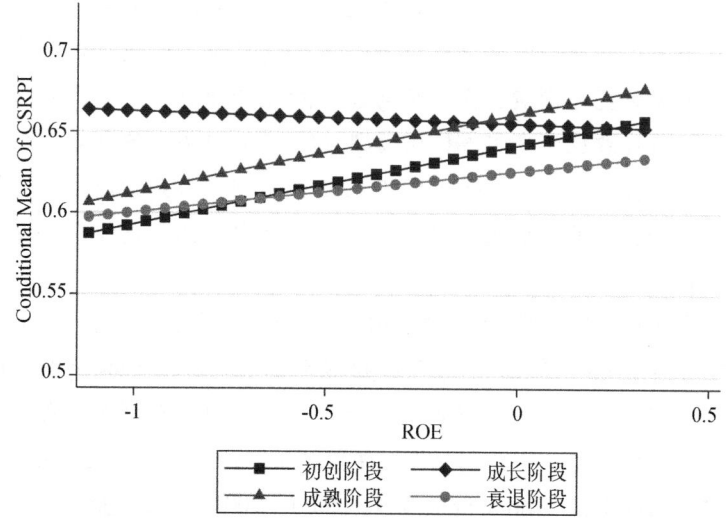

图 5-2　企业生命周期各阶段盈利能力与社会责任参与度关系

企业生命周期对盈利能力和企业社会责任参与度关系的调节影响由模型（5-1）、模型（5-2）和模型（5-3）检验。结果显示，模型（5-1）、模型（5-2）和模型（5-3）中 ROE 的系数均显著为正。这表明当考虑企业生命周期的影响时，盈利能力对企业社会责任参与的影响是积极且显著的。

调节变量成熟企业（MC）对企业社会责任参与度的正向影响表明，在中国上市公司中，成熟阶段企业的社会责任参与度高于非成熟阶段企业。这一结果与许多现有研究的发现（Hasan & Habib，2017；Jiraporn & Withisuphakorn，2016）一致，即成熟阶段企业参与企业社会责任活动更多。但与非成熟阶段企业相比，成熟阶段企业对于盈利能力对企业社会责任参与的影响并未见显著增强。通过将调节变量进一步划分为生命周期四阶段（CLC），发现初创和衰退阶段企业社会责任参与度与成熟阶段相比显著较低，但成长阶段企业与成熟阶段相比未见显著差异。说明成长阶段企业社会责任参与度较高，与成熟阶段企业不分伯仲。在调节盈利能力对企业社会责任参与度的影响时，初创阶段与成熟阶段企业一致，为显著正向影响；而成长与衰退阶段企业类似，未见显著影响。前者导致调节变量 MC 在模型（5-2）中调节盈利能力与企业社会责任参与度之间关系时未见显著影响，后者验证了之前的理论分析，企业在成长与衰退阶段盈利能力对社会责任参与度的影响较弱。

企业在初创阶段 ROE 对 CSRPI 的影响显著为正，这一结果可以用企业社会责任参与的声誉和战略价值观（Hasan & Habib，2017）来解释。这一论点表明，企业在早期同样有可能投资于企业社会责任活动。年轻企业的生存和发展主要取决于利益相关者在资源方面的支持（Jawahar & McLaughlin，2001）。参与企业社会责任活动被认为是获得这种支持的有效工具。Udayasankar（2008）认为，虽然资源的可用性是企业社会责任投资的先决条件，但是资源有限的企业也可能从企业社会责任活动中受益，因为企业社会责任的参与使资源有限的企业能够获得独家的关键资源。此外，尽管企业社会责任成本很高，但年轻企业社会责任投资的边际收益可能比成熟企业更大（Hasan & Habib，2017）。因此，当资源可用时（比如，ROE 较好），初创阶段企业愿意参与企业社会责任项目。因此，初创阶段企业的盈利能力也会正向显著影响企业社会责任的参与。

5.5 稳健性分析

为了使研究结果更加稳健，本章从 CSRPI 权重、变量和回归方法三个方面进行替换检验。

5.5.1 CSRPI 权重的替换

对于因变量企业社会责任参与指数 CSRPI，其评价指标权重的不同会导致不同的评价结果。因此，先对 CSRPI 权重的稳健性进行检测，借鉴已有研究（Gulzar et al.，2019；Sial et al.，2018）的处理方法，假设每个指标具有同等重要性，以均等权重重新计算 CSRPI。表 5-8 显示了将等权重的企业社会责任参与指数（CSRPIe）代入模型（5-1）、模型（5-2）和模型（5-3）后的回归结果。结果显示，ROE 均显著正向影响 CSRPI；成熟阶段企业在社会责任参与方面显著高于非成熟阶段企业，特别是初创阶段和衰退阶段的企业；在非成熟阶段企业中，成长阶段企业相较于成熟阶段企业在 ROE 和 CSRPIe 之间的正向关系中显现了显著的调减作用，这与表 5-6 模型（5-3）中以 ANP 确定 CSRPI 权重的主回归结果一致，参数估计的显著性也相似，本章研究结论未发生改变。

表 5-8　　　　　　　替换 CSRPI 权重的回归结果

Variables	(5-1) CSRPIe (logit)	(5-2) CSRPIe (logit)	(5-3) CSRPIe (logit)
ROE	0.140***	0.125**	0.166***
	(0.001)	(0.019)	(0.004)
MC		0.056***	
		(0.000)	
ROE·MC		0.036	
		(0.634)	
CLC			
CLC (1)			-0.087***
			(0.000)
CLC (2)			-0.023
			(0.117)
CLC (4)			-0.118***
			(0.000)
ROE·CLC (1)			-0.025
			(0.829)
ROE·CLC (2)			-0.228**
			(0.037)
ROE·CLC (4)			-0.067
			(0.495)
SIZE	0.219***	0.217***	0.214***
	(0.000)	(0.000)	(0.000)
LEV	-0.467***	-0.448***	-0.445***
	(0.000)	(0.000)	(0.000)
EOC	-0.071	-0.081*	-0.080*
	(0.116)	(0.075)	(0.079)

续表

Variables	(5-1) CSRPIe (logit)	(5-2) CSRPIe (logit)	(5-3) CSRPIe (logit)
CH	-0.210***	-0.212***	-0.218***
	(0.000)	(0.000)	(0.000)
R&D	3.817***	3.745***	3.722***
	(0.000)	(0.000)	(0.000)
AGE	-0.104***	-0.114***	-0.109***
	(0.000)	(0.000)	(0.000)
YEAR	YES	YES	YES
IND	YES	YES	YES
_cons	-4.480***	-4.432***	-4.321***
	(0.000)	(0.000)	(0.000)

注：括号中为 t 值；***、** 和 * 分别表示 1%、5% 和 10% 水平上显著。

5.5.2 盈利能力衡量指标的替换

自变量企业盈利能力的衡量指标很多，本章采用相对经济增加值（Economic Value Added rate，EVAr）作为自变量 ROE 的替代变量来衡量企业盈利能力，等于经济增加值除以总投资。鉴于相对经济增加值考虑了所有资本成本，该指标在衡量企业创造冗余资源的能力方面优于 ROE（净资产收益率）、ROA（资产回报率）、ROS（销售利润率）等其他盈利能力衡量指标。

表 5-9 显示了将 EVAr 代入模型（5-1）、模型（5-2）和模型（5-3）后的回归结果。结果显示，EVAr 均显著正向影响 CSR-PI；成熟阶段企业在社会责任参与方面显著高于非成熟阶段企业，特别是处于初创和衰退阶段的企业；与成熟阶段企业相比，仅成长阶段企业在 EVAr 和 CSRPI 之间正向关系中显现了显著的减弱调节作

用,这与表 5-6 中模型 (5-3) 以 ROE 衡量企业盈利能力的主回归结果一致,参数估计的显著性也相似,本章研究结论未发生改变。

表 5-9 以 EVAr 衡量盈利能力的回归结果

Variables	(5-1) CSRPI (logit)	(5-2) CSRPI (logit)	(5-3) CSRPI (logit)
EVAr	0.266***	0.292***	0.233**
	(0.000)	(0.002)	(0.029)
MC		0.067***	
		(0.000)	
EVAr · MC		-0.065	
		(0.627)	
CLC			
CLC (1)			-0.081***
			(0.003)
CLC (2)			-0.026
			(0.142)
CLC (4)			-0.157***
			(0.000)
EVAr · CLC (1)			0.213
			(0.312)
EVAr · CLC (2)			-0.335*
			(0.086)
EVAr · CLC (4)			-0.157***
			(0.000)
SIZE	0.254***	0.253***	0.213
	(0.000)	(0.000)	(0.312)
LEV	-0.497***	-0.478***	-0.335*
	(0.000)	(0.000)	(0.086)

续表

Variables	(5-1) CSRPI (logit)	(5-2) CSRPI (logit)	(5-3) CSRPI (logit)
EOC	-0.073	-0.083	-0.080
	(0.183)	(0.132)	(0.144)
CH	-0.220***	-0.221***	-0.221***
	(0.000)	(0.000)	(0.000)
R&D	4.307***	4.226***	4.197***
	(0.000)	(0.000)	(0.000)
AGE	-0.124***	-0.134***	-0.128***
	(0.000)	(0.000)	(0.000)
YEAR	YES	YES	YES
IND	YES	YES	YES
_cons	-4.688***	-4.651***	-4.512***
	(0.000)	(0.000)	(0.000)

注：括号中为 t 值；***、** 和 * 分别表示 1%、5% 和 10% 水平上显著。

5.5.3 回归模型的替换

所应用的回归模型类型也会影响实证结果。因此，可以通过与其他模型的结果进行比较来验证模型的稳健性。本章主回归分析应用 logit 分数回归进行数据统计，见表 5-6 中模型（5-1）、模型（5-2）和模型（5-3）的回归结果。在检验结果的稳定性时，本章应用 probit 分数回归模型替换 logit 分数回归模型。因为除了相似性之外，probit 和 logit 分数回归还有一些模型差异（Hahn & Soyer, 2005），比如 probit 允许不同组之间存在异质性方差。如表 5-10 所示，采用 probit 分数回归模型的结果与表 5-6 中模型（5-1）、模型（5-2）和模型（5-3）所示的主回归结果一致，包括统计显著性和调节效应。本章研究结论未发生改变。

表 5-10　　　　　　　probit 分数回归模型的结果

Variables	(5-1) CSRPI (probit)	(5-2) CSRPI (probit)	(5-3) CSRPI (probit)
ROE	0.117***	0.109***	0.133***
	(0.000)	(0.004)	(0.001)
MC		0.041***	
		(0.000)	
ROE·MC		0.021	
		(0.697)	
CLC			
CLC (1)			-0.054***
			(0.001)
CLC (2)			-0.017
			(0.115)
CLC (4)			-0.098***
			(0.000)
ROE·CLC (1)			-0.000
			(0.996)
ROE·CLC (2)			-0.157**
			(0.048)
ROE·CLC (4)			-0.063
			(0.357)
SIZE	0.155***	0.154***	0.151***
	(0.000)	(0.000)	(0.000)
LEV	-0.302***	-0.288***	-0.288***
	(0.000)	(0.000)	(0.000)

续表

Variables	(5-1) CSRPI (probit)	(5-2) CSRPI (probit)	(5-3) CSRPI (probit)
EOC	-0.044	-0.051	-0.050
	(0.182)	(0.124)	(0.129)
CH	-0.133***	-0.134***	-0.138***
	(0.000)	(0.000)	(0.000)
R&D	2.596***	2.544***	2.517***
	(0.000)	(0.000)	(0.000)
AGE	-0.076***	-0.084***	-0.079***
	(0.000)	(0.000)	(0.000)
YEAR	YES	YES	YES
IND	YES	YES	YES
_cons	-2.854***	-2.820***	-2.736***
	(0.000)	(0.000)	(0.000)

注：括号中为 t 值；***、**和*分别表示1%、5%和10%水平上显著。

5.6 结论

本章以2016—2021年沪深A股上市公司数据为样本，分析企业在不同生命周期阶段盈利能力对企业社会责任参与度的影响机理，检验成熟阶段企业的盈利能力对社会责任参与的正向影响是否更加显著。研究发现，总体上，企业盈利能力对企业参与社会责任有显著积极的影响，在考虑企业生命周期对两者关系的影响后，发现成熟阶段企业在社会责任参与方面显著优于非成熟阶段企业，但当企业处于成熟阶段时，未发现盈利能力对企业社会责任参与度的正向影响产生增强的调节效应,经进一步分析发现,在非成熟阶段企业中,初创阶段企业与成熟阶段企业表现一致,即盈利能力对企业社会责任参与的影响为积极显著的,而企业在成长阶段和衰退阶段两者关系并不显著。此外,初创和衰退阶段企业在社会责任参与方面显著低于成熟阶段企业,成长阶段企业在社会责任参与方面与成熟阶段企业相比未见显著差异。

  本章研究有三个方面的贡献。第一,通过证明企业在不同生命周期阶段盈利能力对企业社会责任参与影响的差异,更新了现有研究潜在假设两者关系在所有企业生命周期阶段均为正的已有认知,为厘清两者真实关系提供了充分的证据。第二,为证明我国成熟阶段企业与西方国家一样在社会责任参与方面表现优异提供证据。第三,重树对初创阶段企业在社会责任参与态度上的认知。本章研究发现,我国初创阶段企业在社会责任参与方面虽然显著低于成熟阶段企业,但十分注重社会责任的参与,在资源允许的情况下更愿意参与企业社会责任的相关活动,这一态度与成熟阶段企业一致。

第6章 内部控制视角下盈利能力对企业社会责任的影响研究

6.1 引言

内部控制是旨在为实体实现其与运营、报告和合规相关的目标提供合理保证的流程（COSO，2013）。有效的内部控制系统有助于组织适应不断变化的业务和运营环境，将风险降到可接受的水平，并支持组织的合理决策和治理。鉴于内部控制对企业发展的重要性，财政部等五部委相继印发了《企业内部控制基本规范》和《企业内部控制配套指引》，旨在推动企业大力开展内控建设。《基本规范》规定的内部控制五要素与COSO（2013）提出的相同，包括控制环境、风险评估、控制活动、信息与沟通、内部监督。

内部控制不仅可以帮助企业提高运营效率（Cheng et al.，2018），还可以促进企业履行社会责任（Wang，2015；Li et al.，2018）。内部控制作为公司治理的制度基础，能够促使企业社会责任履行实现规范化和常态化，使企业摆脱社会责任履行严重依赖企业家个人偏好的问题（李志斌，2014）。《企业内部控制应用指引第4号——社会责任》明确提出企业在经营和发展过程中应当履行的社会义务和责任，包括安全生产、产品质量、环境保护、节约资源、促进就业和保护员工权益（Li，2020）。此外，内部控制还可以通过降低代理成本来促进企业社会责任的履行（李兰云等，2019）。

鉴于内部控制对企业社会责任履行的积极影响，一些研究试图将内部控制作为调节变量，进一步探讨其对企业社会责任与企业发展之间关系的影响。Hao 等（2018）发现内部控制对企业社会责任与股价崩盘风险之间的关系具有显著的部分调节作用。内部控制在企业社会责任与企业价值之间存在显著的正向调节效应，即内部控制能够强化社会责任的价值创造效应（李志斌等，2020；张劲松和李沐瑶，2021）。Dhar 等（2022）观察到高质量的内部控制有效降低了 CEO 变动对企业社会责任绩效的负面影响。然而，据我们所知，关于内部控制是否影响盈利能力与企业社会责任之间关系的研究在已有文献中并不多见。因此，本章重点从制度视角研究内部控制在企业盈利能力影响企业社会责任参与过程中的调节效应，对于更为深入地认识企业社会责任参与的影响机制和丰富内部控制经济后果体系具有较强的理论价值。

6.2　理论分析与研究假设

6.2.1　盈利能力对企业社会责任的影响

企业社会责任通常代表一个相对较高的管理自由裁量权领域（Carroll，1979，1991），所以企业社会责任相关项目的实施对冗余资源特别敏感（McGuire et al.，1988）。Waddock 和 Graves（1997）提出了冗余资源理论（slack resource theory），认为更好的财务绩效可能会导致可用的冗余（财务和其他）资源。这允许公司投资于与企业社会责任相关的项目，比如社区关系、员工福利、慈善捐赠或环境保护。如果企业有冗余资源可用并将这些资源分配给社会责任领域就会产生较好的社会绩效。因此,企业财务绩效是企业社会绩效的有效预测指标。Shahzad 等(2016)将冗余资源进一步划分为财务冗余、人力资源冗余和创新冗余,并分别探讨它们如何影响企业社会责任。虽然目前关于盈利能力对企业社会责任影响的实证研究尚未达成绝对共识,但现有大部分文献更支持正向关系的结论(Wu et al., 2021;Swandari & Sadikin, 2016;Giannarakis, 2014;Clarkson et al., 2011)。基于以上分析,本章提出假设 H6-1。

假设 H6-1:盈利能力对企业社会责任参与的影响是积极的。

6.2.2 内部控制对盈利能力与企业社会责任关系的影响

内部控制作为公司治理的基础设施(杨雄胜,2005),对保障社会责任履行及企业决策理性发挥着重要作用。首先,内部控制有利于优化资源配置效率(Li, 2020)。高水平的内部控制促使企业将更多资金投入到被认为有利于长期绩效的企业社会责任相关领域(Hang et al., 2019),以实现公司的可持续发展。其次,内部控制作为企业管理的制度性体系,对于社会责任活动的准确实施有着重要的保障作用(李志斌等,2020)。通过建立适当的标准、流程和结构,高水平的内部控制可有效保证企业社会责任活动的顺利进行和企业社会责任资本的有效利用(Castka et al., 2004;Liu, 2018)。最后,内部控制通常被视为企业流程风险管控系统(Spira & Page, 2003)。内部控制水平高的企业具有良好的风险管控能力。因此,在很大程度上防止了不当行为对企业声誉和形象造成的损害,避免了损害企业社会责任实践的不良事件发生,从而提高了企业社会责任活动的现实绩效(Li, 2020)。换句话说,高水平的内部控制通过防止资源浪费在损害企业社会责任活动上来促进企业社会责任战略目标的实现。综上所述,高水平的内部控制不仅有利于资金流向企业社会责任领域,也可以保证资本在社会责任活动中的使用效率和效果。基于以上分析，提出假设 H6-2。

假设 H6-2：内控水平对于盈利能力对企业社会责任参与的积极影响发挥增强的调节作用。

6.3 研究设计

6.3.1 模型构建

在本章中，因变量 CSRPI 的取值范围为闭区间 $[0, 1]$，且呈现为离散的非高斯分布状态。因此，分数回归模型适用于预期的模型估计（Baum，2008）。其次，本章旨在研究盈利能力对企业社会责任的影响（H6-1）以及内部控制水平对盈利能力与企业社会责任之间关系的调节作用（H6-2）。因此，我们设置分数回归模型（6-1）用于检验假设 H6-1，而带有交互项的分数回归模型（6-2）则用于检验假设 H6-2。

$$CSRPI_{i,t} = \beta_0 + \beta_1 ROE_{i,t} + \beta_2 SIZE_{i,t} + \beta_3 LEV_{i,t} + \beta_4 EOC_{i,t} + \beta_5 CH_{i,t} + \beta_6 R\&D_{i,t} + \beta_7 AGE_{i,t} + \beta_8 YEAR_{i,t} + \beta_9 IND_{i,t} + \varepsilon \quad (6-1)$$

$$CSRPI_{i,t} = \beta_0 + \beta_1 ROE_{i,t} + \beta_2 IC_{i,t} + \beta_3 ROE_{i,t} \cdot IC_{i,t} + \beta_4 SIZE_{i,t} + \beta_5 LEV_{i,t} + \beta_6 EOC_{i,t} + \beta_7 CH_{i,t} + \beta_8 R\&D_{i,t} + \beta_9 AGE_{i,t} + \beta_{10} YEAR_{i,t} + \beta_{11} IND_{i,t} + \varepsilon \quad (6-2)$$

其中，i 代表企业，t 代表年份，CSRPI 为企业社会责任参与指数，用于衡量企业 i 在 t 年份的企业社会责任参与度；ROE 是企业净资产收益率，表示公司盈利能力；IC 是表示企业内部控制水平；$ROE \cdot IC$ 是净资产收益率和企业内控水平的交互作用项。其余为企业层面的控制变量：SIZE 是资产规模，LEV 是财务杠杆，EOC 是股权集中度，CH 是现金持有率，R&D 是研发支出率，AGE 是公司年龄，YEAR是样本所属年份，IND是企业所属行业；ε是随机残差，β_0为常数项，β_i为变量系数。模型计算使用带有分数回归模块的STATA17.0软件处理。

6.3.2 变量选择与测度

（1）因变量

本章因变量为企业社会责任参与度，以企业社会责任参与指数（CSRPI）来衡量。借鉴Wu等（2023）对企业社会责任的评价方法，依据三重底线理论及利益相关者理论，构建多维评价指标体系。鉴于指标间的非线性关系，通过ANP法确定各指标权重，指标数值与多数文献一致（Sial et al., 2018; Gulzar et al., 2019），采用CSMAR数据库搜集的企业社会责任相关信息。最终以加权平均法计算得出各样本企业的社会责任参与指数，指标具体设置及权重的计算过程见第3章第2节。

（2）自变量

已有文献主要从会计和市场（即相应公司股票的市场价格）(Kansal et al., 2014; Orlitzky et al., 2003)两个角度衡量企业盈利能力。由于我国资本市场不如发达国家成熟，股价通常不能反映公司的真实价值，有时甚至出现与现实相反的情况。因此，本章借鉴已有文献（Chen et al., 2018; Lin & Wu, 2014）做法，采用传统的基于会计的盈利能力指标作为自变量。

许多基于会计的指标可以衡量企业的盈利能力，比如资产回报率（ROA）、净资产收益率（ROE）、销售利润率（ROS）或每股收益（EPS）。会计回报取决于管理者对不同项目的资本配置数额和会计政策选择，从而反映内部决策能力和管理绩效（Orlitzky et al., 2003）。尽管Alshehhi等（2018）根据顶级期刊上的132篇论文发现，ROA是最广泛使用的与盈利能力相关的财务绩效衡量指标，但它并不能保证公司价值的增加，因为没有考虑资本成本

(Dluhošová et al., 2014)。公司价值的增加会导致更多的冗余资源可用。本章基于冗余资源理论研究盈利能力对企业社会责任参与的影响,该理论认为更多的冗余资源对企业参与企业社会责任的决策产生正向影响。因此,ROA并不是本章衡量盈利能力的适当指标,而ROS是衡量营收回报的标准指标,但无论销售额高低,它都保持不变。因此,它也无法衡量一家企业通过其业务活动创造了多少冗余资源。Alshehhi等(2018)发现第二个最常用的衡量指标是ROE,它克服了ROA和ROS的上述缺点,可以很好地衡量企业创造冗余资源的能力。因此,本章采用ROE作为盈利能力的衡量指标。

(3) 调节变量

本章采用迪博(DIB)内部控制指数来反映样本企业的内部控制水平。数据源于深圳迪博内控与风险管理数据库,该数据库是一家致力于研究中国上市公司内控状况和风险管理水平的独立第三方专业评价机构。

自2011年发布以来,迪博内部控制指数得到了学术界和实务界的广泛认可(Zhu & Sun, 2017; Hao et al., 2018; Li et al., 2018; Guo & Shen, 2019; Li, 2020)。迪博内部控制基本指数是根据《企业内部控制基本规范》规定的内部控制目标的实现程度设计的。内部控制目标包括依法合规、资产安全、财务报告真实完整、提高经营效率和效益、促进企业战略的实现。然后以内部控制缺陷为修正变量对基础指数进行修正,形成综合反映上市公司内部控制水平的DIB内部控制指数(Zhu & Sun, 2017; Li, 2020)。因此,对于模型(6-2)中的调节变量内部控制(IC),采用迪博数据库公布的上市公司内部控制指数作为衡量样本公司内部控制水平的代理变量。内部控制指数取值范围为0—1000,借鉴已有文献(李志斌等,2020;伊力奇等,2020)的处理方法,将内控指数加1后取自然对数作为内控水平的衡量指标。当内部控制存在重大缺陷时,上市公司内部控制指数为 0 (ST 公司除外)。缺陷包括上市公司内部控制自我评价报告主动披露的重大缺陷、内部控制评价结论为无效、会计师事务所在内部控制审计报告中披露的重大缺陷、内部控制审计报告为否定意见等。内部控制指数越大,表明上市公司的内部控制水平越高。

(4) 控制变量

借鉴之前的文献,本章控制了可能影响企业社会责任参与的几个企业层面的因素,包括企业规模、财务杠杆、股权集中度、现金持有率、研发支出、企业年龄和样本企业所属期间和行业。首先,已有研究表明,企业规模和财务杠杆在企业社会责任参与中起着至关重要的作用(Cordeiro et al.,2018;Li & Zhang,2010)。本章对企业规模(SIZE)按总资产的自然对数计算,这是最常用的衡量企业规模的指标之一(Rodríguez - Ariza et al.,2017;Ali et al.,2017;Oh et al.,2011);对财务杠杆以资产负债率衡量。其次,由于股权集中度可能与企业社会责任参与度呈正相关关系(Faller & ZuKnyphausen - Aufseß,2018;Sufian & Zahan,2013),也可能为负相关关系(Dam & Scholtens,2013),本章对股权集中度(EOC)以第一大股东持股比例(Ducassy & Montandrau,2015;Gao et al.,2019)来衡量。再次,如果一家企业持有较多的现金和有价证券,反映出该企业的资源约束更少,管理层的自由裁量活动更多,这可能会增强企业投资于社会责任领域的能力(Hasan & Habib,2017)。本章对企业现金持有率(CH)通过现金余额和有价证券之和与总资产的比率来衡量,这与 Hsu(2018)、Drobetz 等(2015)以及 Jiraporn 和 Withisuphakorn(2016)所采用方法一致。研发支出(R&D)是企业经营和发展的重要资源,对企业社会责任有强烈影响(Habib & Huang,2019;Surroca et al.,2010)。本章研发支出以研发费用占总资产的比率衡量(Clarkson et al.,2011)。随着年龄的增长,企业在社会责任方面的投资要更多,尤其是在多样性和环境问题上（Jiraporn & Withisuphakorn，2016）。本章对企业年龄（AGE）采用企业成立以来年数的自然对数（Khan et al.，2013；Hasan & Habib，2017）来衡量。最后，回归分析中包括年份分类变量（YEAR）和行业分类变量（IND）以控制时间和行业的影响（Khan et al.，2021）。

各主要变量名称及具体描述如表6-1所示。

表6-1　　　　　　　　　　变量描述

变量类型	变量名称	符号	描述
因变量	企业社会责任参与度	CSRPI	以ANP法确定的企业社会责任参与指数
自变量	盈利能力	ROE	净资产收益率
调节变量	企业内控水平	IC	迪博内部控制指数加1后取自然对数
控制变量	企业规模	SIZE	总资产的自然对数
	财务杠杆	LEV	资产负债率
	股权集中度	EOC	第一大股东持股比例
	现金持有率	CH	现金余额和有价证券之和与总资产的比率
	研发支出	R&D	研发费用占总资产的比率
	企业年龄	AGE	企业成立以来年数的自然对数
	时间	YEAR	年份分类变量
	行业	IND	行业分类变量

6.3.3　样本选择与数据来源

本章以2016—2021年我国沪深A股上市公司为研究样本。在初步确定研究样本后，本章按照以下标准对样本进行了筛选：①剔除了金融业和保险业上市公司；②剔除数据缺失的上市公司；③对所有连续变量进行了1%和99%分位上的缩尾处理。最终，共得到19824个有效观察值。除内控指数来自迪博数据库外，其他研究数据均来自国泰安数据库（CSMAR）。

6.4 实证结果与分析

表6-2总结了模型（6-1）和模型（6-2）中所有变量的统计数据。对于19824个观测值，因变量CSRPI的最小值为0，最大值为0.976，平均值为0.655，标准差为0.254，总体中位数为0.767，表明样本企业社会责任平均参与水平（均值）明显低于中位数水平。对CSRPI进行Sktest（Skewness/Kurtosis）检验，p值为0.0000，在1%处显著，故拒绝CSRPI正态分布的原假设。CSRPI取值范围为闭区间[0,1]，且呈离散非高斯分布，如图6-1所示。自变量ROE的最小值为-1.071，最大值为0.403，均值为0.043，表明样本企业的平均盈利能力偏低。调节变量IC的最小值为0，最大值为6.694，均值为5.993，中位数为6.485，表明样本中多数企业内控水平在均值之上，少数企业内控较差在均值以下。控制变量均值与中位数基本相当，表明总体分布较为均衡。

表6-2 描述性统计分析

Variables	Mean	Std. Dev.	Min	P5	Median	P95	Max
CSRPI	0.655	0.254	0	0.071	0.767	0.941	0.976
ROE	0.043	0.188	-1.071	-0.25	0.067	0.221	0.403
IC	5.993	1.681	0	0	6.485	6.61	6.694
SIZE	22.342	1.315	19.732	20.472	22.18	24.808	26.365
LEV	0.437	0.209	0.066	0.121	0.425	0.806	0.978
EOC	0.327	0.144	0.083	0.124	0.303	0.6	0.724
CH	0.189	0.131	0.014	0.038	0.155	0.466	0.634
R&D	0.014	0.018	0	0	0.006	0.05	0.09
AGE	2.953	0.291	2.197	2.398	2.996	3.367	3.526

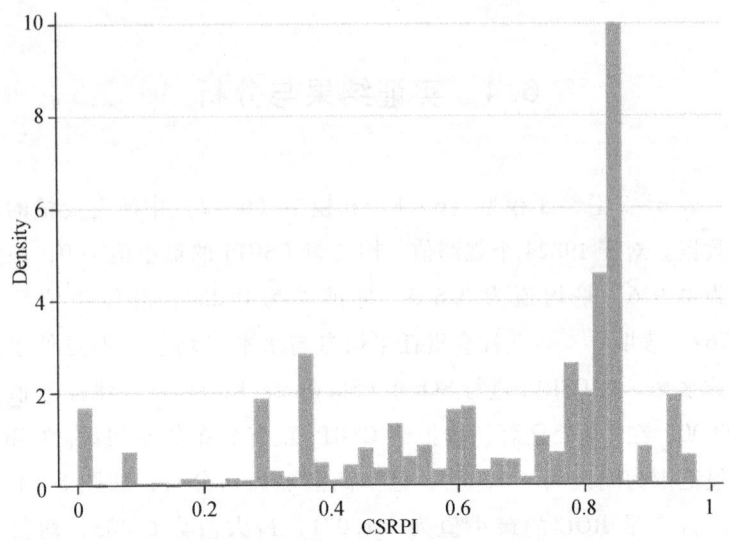

图 6-1 企业社会责任参与指数分布图

表 6-3 显示了各变量之间 Pearson 相关性检验的统计结果。所有自变量的相关系数均小于 0.60，说明自变量之间充分独立，不存在多重共线性问题。此外，自变量 ROE 与因变量 CSRPI 的相关系数为 0.097，且在 5% 的水平上显著，初步证明盈利能力与企业社会责任参与水平呈正相关关系。而调节变量 IC 与 CSRPI 的相关系数为 0.137，且在 5% 的水平上显著，初步判断企业内控水平与企业社会责任参与水平呈正相关关系。

表 6-3　　　　　　　相关性统计结果

Variables	(1)	(2)	(3)	(4)	(5)	(6)	(7)	(8)	(9)
(1) CSRPI	1.000								
(2) ROE	0.097*	1.000							
(3) IC	0.137*	0.327*	1.000						
(4) SIZE	0.218*	0.124*	0.128*	1.000					
(5) LEV	-0.005	-0.284*	-0.223*	0.426*	1.000				

第6章 内部控制视角下盈利能力对企业社会责任的影响研究

续表

Variables	(1)	(2)	(3)	(4)	(5)	(6)	(7)	(8)	(9)
(6) EOC	0.039*	0.155*	0.121*	0.209*	0.013	1.000			
(7) CH	-0.018*	0.178*	0.094*	-0.184*	-0.366*	0.059*	1.000		
(8) R&D	0.102*	0.028*	0.072*	-0.172*	-0.145*	-0.099*	0.198*	1.000	
(9) AGE	-0.001	-0.054*	-0.095*	0.131*	0.148*	-0.051*	-0.034*	-0.044*	1.000

注：* 表示 $p<0.05$。

表6-4 展示了模型（6-1）和模型（6-2）的回归结果。在模型（6-1）中，ROE 的系数为正且具有统计学意义（$\beta = 0.188$，$p<0.01$），表明总体上，ROE 的提升对中国上市公司积极参与企业社会责任活动具有正向影响。这一结果与之前研究（Sial et al.，2018；Naciti，2019；Zahid et al.，2019）发现一致。因此，在 H6-1 中企业盈利能力正向影响企业社会责任参与度的假设得到了验证。

表6-4　　　　　　　　　　模型的回归结果

Variables	(6-1) CSRPI (logit)	(6-2) CSRPI (logit)
ROE	0.188*** (0.000)	0.158*** (0.005)
IC		0.053*** (0.000)
ROE·IC		0.030** (0.044)
SIZE	0.261*** (0.000)	0.245*** (0.000)
LEV	-0.504*** (0.000)	-0.397*** (0.000)

续表

Variables	(6-1) CSRPI (logit)	(6-2) CSRPI (logit)
EOC	-0.050	-0.089
	(0.382)	(0.117)
CH	-0.263***	-0.264***
	(0.000)	(0.000)
R&D	4.727***	4.094***
	(0.000)	(0.000)
AGE	-0.130***	-0.110***
	(0.000)	(0.000)
YEAR	YES	YES
IND	YES	YES
_cons	-4.817***	-4.548***
	(0.000)	(0.000)

注：括号中为 t 值；***、** 和 * 分别表示 1%、5% 和 10% 水平上显著。

在对模型（6-2）进行回归之前，借鉴以往文献（Guo & Shen, 2019; Chen et al., 2012）对连续变量在交互项中的处理方法，先对 ROE 和 IC 进行均值中心化处理，然后纳入模型分析，以便缓解多重共线性问题并促进主效应的解释。如表 6-4 所示，在模型（6-2）中，ROE 的系数为正且具有统计学意义（$\beta = 0.158$，$p < 0.01$），表明在考虑了企业内控水平的影响后，总体上 ROE 的增加仍对中国上市公司积极参与企业社会责任活动产生正向影响。调节变量企业内控水平 IC 与 CSRPI 显著正向关系（$\beta = 0.053$，$p < 0.01$），交互项 ROE·IC 与 CSRPI 也为显著正向关系（$\beta = 0.030$，$p < 0.05$），这表明较高水平的内部控制不仅可以更好地促进企业参与社会责任，而且可以增强盈利能力对企业社会责任

参与的影响。

由于 IC 是连续变量,无法像分类变量那样展示每个内控水平下 ROE 与 CSRPI 之间的关系。为了直观地展示内控水平对 ROE 对 CSRPI 影响的调节作用,本章采用两个值代表内部控制的较高和较低水平。它们等于均值中心化后 ROE 的平均值(0)加上和减去两个标准差(1.68)。以此内控数值为基础,绘制图 6-2,展示内部控制较高水平和较低水平下 ROE 与 CSRPI 之间的关系。可以看出,当企业处于较高内控水平时,CSRPI 随着 ROE 的增加而显著增加,而当公司处于较低内控水平时,CSRPI 随着 ROE 的增加而缓缓增加。因此,H6-2 盈利能力与企业社会责任参与度之间的正向关系随着内控水平的增加而更加显著的假设得到验证。

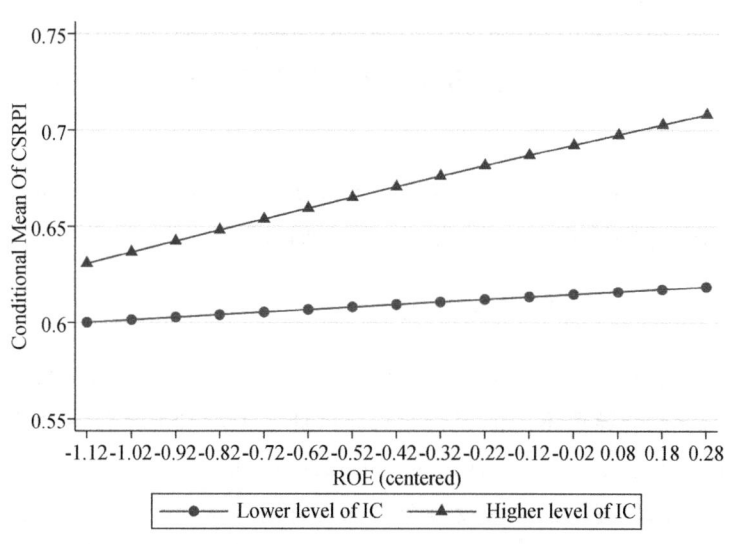

图 6-2 较高和较低内控水平下 ROE 与 CSRPI 的关系

模型(6-1)和模型(6-2)检验假设 H6-1 和假设 H6-2,结果表明,内部控制水平正向影响企业社会责任参与度。这意味着较高水平的内部控制有助于企业更多地参与企业社会责任活动,这与以往的研究结果一致（Gao，2021；Li et al.，2018；Wang et al.，2015）。交互项 ROE·IC 的系数也为正，表明较高水平的内部控制增强了盈利能力对企业社会责任参与度的正向影响。这些结果证实了我们的推断，即高水平的内部控制不仅直接有助于提高企业社会责任参与度，而且能促进财务资源积极流向企业社会责任领域，并提升用于企业社会责任活动资金的使用效率和效果。比如，随着盈利能力的提高，较高水平的内部控制可以促使企业改善员工薪酬和工作环境、避免企业逃税、增加研发投入以提高产品质量或降低生产成本。而在内部控制较低的环境下，这些企业社会责任活动很难实现。因此，内部控制水平在盈利能力与企业社会责任参与度之间的关系中发挥着增强的调节作用。

6.5 稳健性分析

为了使研究结果更加稳健，本章从 CSRPI 权重替换、变量替换和回归方法替换三个方面进行稳健性检验。

6.5.1 CSRPI 权重的替换

对于因变量企业社会责任参与指数 CSRPI，其评价指标权重的不同设置会导致不同的评价结果。因此，先对 CSRPI 权重的稳健性进行检测，借鉴已有研究（Gulzar et al.，2019；Sial et al.，2018）的处理方法，假设每个指标具有同等重要性，以均等权重重新计算 CSRPI。表 6-5 显示了将等权重的企业社会责任参与指数（CSRPIe）代入模型（6-1）和模型（6-2）后的回归结果。结果显示，企业内控水平在 ROE 和 CSRPIe 之间的正向关系中起到了显著的增强调节作用，这与表 6-4 中以 ANP 确定 CSRPI 权重的主回归结果一致，参数估计的显著性也相似。检验结果仍支持研究假设，本章研究结论未发生改变。

表 6-5　　　　　　　CSRPI 权重的稳健性检验

Variables	(6-1) CSRPIe (logit)	(6-2) CSRPIe (logit)
ROE	0.143***	0.122**
	(0.001)	(0.010)
IC		0.046***
		(0.000)
ROE·IC		0.030**
		(0.024)
SIZE	0.224***	0.211***
	(0.000)	(0.000)
LEV	-0.474***	-0.390***
	(0.000)	(0.000)
EOC	-0.048	-0.079*
	(0.305)	(0.093)
CH	-0.258***	-0.260***
	(0.000)	(0.000)
R&D	4.119***	3.619***
	(0.000)	(0.000)
AGE	-0.109***	-0.093***
	(0.000)	(0.000)
YEAR	Yes	Yes
IND	Yes	Yes
_cons	-4.563***	-4.352***
	(0.000)	(0.000)

注：括号中为 t 值；***、** 和 * 分别表示 1%、5% 和 10% 水平上显著。

6.5.2 盈利能力衡量指标的替换

本章采用相对经济增加值（Economic Value Added rate，EVAr）作为自变量 ROE 的替代变量来衡量企业盈利能力。相对经济增加值等于经济增加值（EVA）除以总投资。鉴于经济增加值不仅考虑了债权融资成本，也考虑股权融资成本，所以相对经济增加值在衡量企业创造冗余资源的能力方面优于 ROE（净资产收益率）、ROA（资产回报率）、ROS（销售利润率）等其他盈利能力衡量指标。

表 6-6 显示了将 EVAr 代入模型（6-1）和模型（6-2）后的回归结果。结果显示，企业内控水平 IC 在 EVAr 和 CSRPI 之间的正向关系中起到显著的增强调节作用，这与表 6-4 中以 ROE 衡量企业盈利能力的主回归结果一致，参数估计的显著性也相似。检验结果仍支持研究假设，本章研究结论未发生改变。

表 6-6　　　　　变量替换的稳健性检验结果

Variables	(6-1) CSRPI (logit)	(6-2) CSRPI (logit)
EVAr	0.273***	0.196**
	(0.000)	(0.022)
IC		0.055***
		(0.000)
EVAr · IC		0.052**
		(0.033)
SIZE	0.261***	0.247***
	(0.000)	(0.000)
LEV	-0.507***	-0.408***
	(0.000)	(0.000)

续表

Variables	(6-1) CSRPI (logit)	(6-2) CSRPI (logit)
EOC	-0.051	-0.087
	(0.372)	(0.128)
CH	-0.266***	-0.264***
	(0.000)	(0.000)
R&D	4.686***	4.071***
	(0.000)	(0.000)
AGE	-0.130***	-0.109***
	(0.000)	(0.000)
YEAR	Yes	Yes
IND	Yes	Yes
_cons	-4.798***	-4.570***
	(0.000)	(0.000)

注：括号中为 t 值；***、** 和 * 分别表示 1%、5% 和 10% 水平上显著。

6.5.3 回归模型的替换

回归模型的类型选择也会影响实证研究的结果。因此，可以通过回归模型的替换来验证结果的稳健性。本章主回归分析应用 logit 分数回归进行数据统计，见表 6-4 中模型（6-1）和模型（6-2）的回归结果。在检验结果的稳定性时，本节应用 probit 分数回归模型替换 logit 分数回归模型。因为除了相似性之外，probit 和 logit 分数回归还有一些模型差异（Hahn & Soyer, 2005）。如表 6-7 所示，采用 probit 分数回归模型的结果与表 6-4 中模型（6-1）和模型（6-2）所示的主回归结果一致，包括统计显著性和调节效应。检验结果仍支持研究假设，本章研究结论未发生改变。

表 6-7　probit 分数回归结果

Variables	(6-1) CSRPI (probit)	(6-2) CSRPI (probit)
ROE	0.116***	0.095***
	(0.000)	(0.006)
IC		0.033***
		(0.000)
ROE·IC		0.018**
		(0.050)
SIZE	0.159***	0.150***
	(0.000)	(0.000)
LEV	-0.309***	-0.244***
	(0.000)	(0.000)
EOC	-0.031	-0.054
	(0.375)	(0.117)
CH	-0.162***	-0.162***
	(0.000)	(0.000)
R&D	2.833***	2.453***
	(0.000)	(0.000)
AGE	-0.080***	-0.067***
	(0.000)	(0.000)
YEAR	Yes	Yes
IND	Yes	Yes
_cons	-2.924***	-2.762***
	(0.000)	(0.000)

注：括号中为 t 值；***、** 和 * 分别表示 1%、5% 和 10% 水平上显著。

6.6 结论与启示

本章以 2016—2021 年沪深 A 股非金融上市公司数据为样本，分析企业内控水平对于盈利能力对企业社会责任参与度的影响及作用机理，检验内控水平是否对企业盈利能力与社会责任参与之间关系起到正向调节作用。研究发现，总体上，企业盈利能力对企业社会责任参与有显著的积极影响，在考虑企业内控水平对两者关系的影响后，发现内部控制水平在企业盈利能力与社会责任参与之间关系存在显著的正向调节作用，即内控水平能够强化盈利能力对企业社会责任参与的影响。

基于以上实证研究结论，本章的政策启示意义在于：第一，随着盈利能力的提升，企业自愿增加社会责任参与的现象已普遍存在，表明我国前期鼓励引导企业，特别是上市公司积极履行社会责任的政策效应已显现。第二，内部控制在盈利能力对社会责任影响的过程中发挥了重要的保障作用。因此，需要通过完善企业内部控制，尤其是社会责任领域的内部控制制度建设，实现企业社会责任的决策合理性和实施有效性。以制度规范行为，既促进了企业社会责任履行和披露的常规化和规范化，又有利于企业资源向社会责任领域的高效流入和利用，保障社会责任履行的效果。

第7章
环境规制视角下盈利能力对企业环境责任的影响研究

7.1 引言

习近平总书记强调:"建立绿色低碳发展的经济体系,促进经济社会发展全面绿色转型,才是实现可持续发展的长久之策。"建立健全绿色低碳循环发展经济体系,是促进生态文明建设,构建现代化经济体系和实现高质量发展的必由之路。企业作为推进社会建设与生态环境保护的主要力量之一,在追求经济利益最大化的同时,也必须承担绿色发展的环境责任。然而,目前我国企业对环境责任的履行现状并不理想。依据 CSMAR 数据库对企业环境责任相关信息的统计发现,2021 年单独发布企业环境报告的仅有 255 家上市公司,977 家 A 股上市公司公开披露了与环境责任相关的信息,约占所有 A 股上市公司的 23%。因此,深入探究企业环境责任履行的驱动因素是一个亟待解决的问题。环境规制作为政府参与环境治理的主要政策工具,对企业环境责任的履行具有重要影响(胡宗义等,2022)。不过,学术界关于环境规制影响企业环境行为的结论尚未统一(张宏和聂嘉仪,2021;Yang et al.,2018)。

Sindh 和 Kumar(2012)将影响企业环境责任履行的因素从内

部和外部两方面进行划分，外部因素包括政府监管、市场压力、利益相关者压力和自律机制等；内部因素包括组织文化、财务、技术和人力资源、战略定位和声誉等。虽然传统的监管方法在促进企业绿色发展方面确实可以发挥作用，但西方学者们已经承认其效率低下，并认识到在协调跨时间和地点的执法时存在困难（Lyon & Maxwell，2004）。因此，探究企业在环境规制持续施压的背景下，管理者能否将企业环境责任的外部问题内化，化被动为主动地履行企业环境责任，对实现企业可持续发展具有重要意义。

企业履行环境责任出于道德驱动和制度压力，作为经济利益主体，根本目的还是追求利益最大化。生态环境是典型的公共资源，在缺乏外部约束的情况下，私人部门缺乏主动改善的动机。激励企业参与环境治理的关键是将环境污染的外部性问题内部化，如对企业征收环境保护税。环境保护税是我国现阶段环境规制体系的主要政策工具之一，能够直接影响企业的成本与收益，从而决定企业的环境行为。遗憾的是，现有文献大多聚焦地区层面的环境规制对企业行为的直接影响，鲜有研究关注个体企业受到的环境规制强度对企业成本收益的影响，进而对企业环境行为的影响。因此，本章在我国生态环境保护事业进入新发展阶段的背景下，聚焦环境规制体系的重要政策工具，从企业层面考察异质性环境规制对企业盈利能力与环境责任履行关系的影响效应，通过探究其作用机制，诠释环境规制如何促进企业主动履行环境责任，为构建"政府为主导、企业为主体"的环境治理体系提供决策依据。

7.2 理论分析与研究假设

7.2.1 盈利能力对企业环境责任履行的影响分析

企业进行环境治理需要大量资源投入，资源约束便成为摆在企业面前的首要难题。虽然积极主动的环境战略可能与企业未来财务绩效的改善相关,但并非所有企业都能模仿这种战略。只有拥有足够财力和管理能力的企业才能采取积极主动的环境战略(Clarkson et al.,2011)。环保补助是政府为鼓励企业进行环境治理而提供的资金支持,这项资金来源能够极大地缓解企业的资金压力(卢洪友等,2019),从而有利于增强企业环境责任履行的积极性。然而,在我国生态文明建设过程中,环境责任表现"多言寡行"的企业在短期内获得了更多的政府补贴;长期来看,政府可以识破企业在环境责任上的"多言寡行",消除这种资源获取效应(李哲等,2022)。因此,企业真正主动参与环境治理,投资环保领域的资金更多源于企业内部,比如通过盈利所创造的资源。

冗余资源理论(Slack Resource Theory)认为更好的财务绩效可能会导致可用的冗余(财务和其他)资源。它允许公司投资于与企业社会责任相关的项目,如社区关系、员工福利、慈善捐赠或环境保护(Waddock & Graves,1997)。如果企业有冗余资源可用并将这些资源分配给环境责任领域,就会产生较好的环境绩效。因此,企业盈利能力越好,企业环境责任的表现越好(刘丽等,2017;赵萱等,2015)。基于以上分析,本章提出假设 H7-1。

假设 H7-1:盈利能力积极影响企业环境责任的履行。

7.2.2 环境规制对于盈利能力对企业环境责任履行影响的调节作用分析

针对企业环境污染带来的负外部性,庇古(Pigou,1920)提出对企业的排污行为进行征税,通过税收方式将环境的外部成本内部化,该税被称为"庇古税",这也是环保税的理论基础。依据波特假说,适当的环境规制可促使企业管理者转变发展意识,消除组织发展惰性,培养创造性思维,通过主动推进企业产品与技术的创新和进步,不仅降低遵从环境规制要求带来的成本费用,还提高企业环境责任的履行水平。因此，环境保护税对企业将资金主动投资于环保领域，增进企业环境责任履行可能产生促进效应。这种促进效应通过内外两方面实现。

从外部压力看，企业环境责任的履行是对利益相关者良好生态环境诉求的回应。党的十九大明确提出"构建政府为主导、企业为主体、社会组织和公众共同参与的环境治理体系。"随着环境规制和社会公众参与环保制度的持续完善，政府"自上而下"的压力传导与社会公众"自下而上"的诉求反馈机制相结合，对承担环境责任的主体——企业构成多重压力。在多重利益相关方的压力下，管理者会更加关注企业行为问题的问责制和透明度（Kolk，2008）。因此，环境规制促使管理者出于对违规责任及后果的忌惮而不断反思企业环境行为存在的不足之处，通过主动投资于环保领域，探求技术创新以提高资源利用的效率效果及生产效率，从而以积极的环境战略满足环境规制的各项要求，得到利益相关者的认可，实现可持续发展。一言以蔽之，在利益相关者的压力下，环境规制会促进企业资源向环境治理领域流入，从而提高企业环境责任的履行水平。

从内部激励来看，环境规制"倒逼"企业进行绿色技术创新，导致企业形成超过环境规制成本的"补偿性收益"，长期绩效不降反增。征收环境保护税在短期内会增加企业经营费用，但作为一项长期政策，环境保护税能够促使管理者深思企业可能存在资源利用效率低下的问题和潜在技术改进的需要，借此契机变革企业环境治理机制，消除企业因循守旧的惰性（Ambec & Barla，2002）。通过绿色技术革新，企业不仅能够避免违规导致的各项惩罚损失，还能降低遵从环境规制产生的成本费用。随着规制严格程度的提高，合规的净成本可能会下降，甚至可能转化为净收益（Sindhi & Kumar，2012）。此外，绿色创新有助于企业生产出具有绿色竞争优势的产品，在赢得消费者青睐的同时扩大市场份额。鉴于此，环境保护税会激励管理者主动将资源投向绿色创新领域，进而提升企业环境责任的履行水平。

基于上述分析，本章提出假设 H7-2。

假设 H7-2：环境规制对于盈利能力对企业环境责任的积极影响具有促进作用。

7.3 研究设计

7.3.1 变量选择

为了探究环境规制对盈利能力与企业环境责任履行关系的影响，需要合理选择相应指标的衡量方法，力求准确识别环境规制对盈利能力与企业环境责任履行之间关系的调节效果。具体变量定义如下。

(1) 企业环境责任

目前，关于如何衡量企业环境责任，学术界并未达成共识，且大部分已有研究将企业环境责任作为企业社会责任的组成部分，缺少独立的评价体系。鉴于此，本章借鉴胡宗义等（2022）的做法，通过单独构建企业环境责任评价指标体系——企业环境责任参与指数（CERPI）衡量因变量企业环境责任履行水平。该评价指标体系以 CSMAR 数据库中企业环境责任信息披露的有关内容为依据，鉴于指标间的非线性关系，以 ANP 法确定各指标权重，最终以加权平均法计算得出各样本企业的环境责任参与指数，具体指标设置及权重设定过程见第 3 章第 3 节。

(2) 盈利能力

企业盈利能力的衡量指标众多，鉴于经济增加值率（Economic Value Added rate，EVAr）考虑了所有资本成本，在衡量企业创造冗余资源的能力方面优于净资产收益率（ROE）、资产回报率（ROA）、销售利润率（ROS）等其他盈利能力衡量指标。因此，本章采用经济增加值率作为自变量盈利能力的衡量指标。计算过程如下，所需数据来自 CSMAR 数据库。

$$EVAr = EVA/C = NOPAT/C - WACC,$$
$$NOPAT = NP + (int + R\&D - NI) \cdot (1 - t),$$
$$WACC = R_E \cdot E/A + R_D \cdot (1 - t) \cdot D/A,$$
$$C = E + D - (int + CL + CP)$$

其中，EVA 是经济增加值，C 是投资总额，$NOPAT$ 是税后净营业利润，$WACC$ 是加权平均资本成本，NP 是净利润，int 是利息，$R\&D$ 是研发费用，NI 是营业外收入，t 是所得税率，R_E 是权益成本，R_D 是债务成本，D 是债务价值，E 是权益价值，A 是资产价值，CL 是流动负债，CP 是在建工程。

（3）环境规制

目前，关于环境规制的衡量方法主要以地区层面为主，将环境规制强度视为地区环境变量，这种衡量方法忽视了同一地区内不同企业之间在环境规制上的差异性（胡宗义等，2022）。为消除数据不匹配可能带来的偏差，本章借鉴李青原和肖泽华（2020）的做法，从企业层面选取相应指标衡量环境规制强度。环保税是政府直接针对企业实施的环境规制措施，能够较为准确地反映企业面临的环境规制强度。鉴于此，本章以 A 股重污染行业上市公司财务报表附注中披露的环保税的数据作为环境规制的衡量指标。为便于理解，将环保税金额取对数处理，记为 ETAX。

（4）控制变量

为避免变量遗漏导致回归结果产生偏误，本章参考已有关于企业环境责任影响因素的文献（李哲等，2022；刘丽等，2017），选取了一系列企业层面的控制变量，具体如下：企业规模（SIZE）表示企业的规模水平，按期末总资产的自然对数度量；资产负债率

(LEV)表示企业财务杠杆水平,由期末总负债与总资产的比值来度量;股权集中度(EOC)表示企业股权分布状态,以第一大股东持股比例度量;现金持有率(CH),表示企业现金持有水平,由期末现金余额和有价证券之和与总资产的比率度量;研发投入(R&D),表示企业研发强度,由研发支出占期末总资产的比率来度量;企业年龄(AGE),表示企业成立后的时间跨度,由企业成立时间长度的自然对数来度量;年度(YEAR)由年度虚拟变量表示。

各主要变量名称及具体描述如表7-1所示。

表7-1　　　　　　　　变量描述

变量类型	变量名称	符号	描述
因变量	企业环境责任	CERPI	企业环境责任参与指数
自变量	经济增加值率	EVAr	经济增加值与总投资之比
调节变量	环保税	ETAX	环保税的自然对数
控制变量	企业规模	SIZE	总资产的自然对数
	资产负债率	LEV	总负债与总资产的比率
	股权集中度	EOC	第一大股东持股比例
	现金持有率	CH	现金余额和有价证券之和与总资产的比率
	研发投入	R&D	研发支出占总资产的比率
	企业年龄	AGE	企业成立时间长度的自然对数
	年度	YEAR	年度虚拟变量

7.3.2　模型构建

在本章中,因变量企业环境责任以企业环境责任参与指数CERPI衡量,其取值范围为闭区间[0,1],且呈现离散的非高斯分布状态。因此,分数回归模型适用于预期的模型估计(Baum,2008)。本章旨在研究盈利能力对企业环境责任的影响(H7-1)

以及环境规制对盈利能力与企业环境责任之间关系的调节作用（H7-2）。因此，我们设置分数回归模型（7-1）用于检验假设H7-1，而带有交互项的分数回归模型（7-2）则用于检验假设H7-2。

$$CERPI_{i,t} = \beta_0 + \beta_1 EVAr_{i,t} + \beta_2 SIZE_{i,t} + \beta_3 LEV_{i,t} + \beta_4 EOC_{i,t} +$$
$$\beta_5 CH_{i,t} + \beta_6 R\&D_{i,t} + \beta_7 AGE_{i,t} + \beta_8 YEAR_{i,t} + \varepsilon$$
$$(7-1)$$

$$CERPI_{i,t} = \beta_0 + \beta_1 EVAr_{i,t} + \beta_2 ETAX_{i,t} + \beta_3 EVAr_{i,t} \cdot ETAX_{i,t} +$$
$$\beta_4 SIZE_{i,t} + \beta_5 LEV_{i,t} + \beta_6 EOC_{i,t} + \beta_7 CH_{i,t} + \beta_8 R\&D_{i,t}$$
$$+ \beta_9 AGE_{i,t} + \beta_{10} YEAR_{i,t} + \varepsilon \quad (7-2)$$

其中，i 代表企业，t 代表年份，CERPI 为企业环境责任参与指数，用于衡量企业 i 在 t 年份的企业环境责任履行情况；EVAr 是企业经济增加值率，表示公司盈利能力；ETAX 是对企业征收的环境保护税；EVAr·ETAX 是经济增加值率和环境保护税的交互作用项。其余为企业层面的控制变量：SIZE 是资产规模，LEV 是资产负债率，EOC 是股权集中度，CH 是现金持有率，R&D 是研发投入，AGE 是公司年龄，YEAR 是样本企业所属年份；ε 是随机残差，β_0 为常数项，β_i 为变量系数。模型计算使用带有分数回归模块的 STATA17.0 软件处理。

7.3.3 样本选择与数据来源

本章以 2018—2021 年我国 A 股重污染行业上市公司为研究样本。上述变量的数据均来自国泰安数据库（CSMAR）。为确保回归结果的稳健性，对样本进行如下处理：剔除变量观测值存在缺失的样本；为控制极端值的影响，对所有连续变量进行 1% 和 99% 分位上的缩尾处理。最终获得 1773 个企业 - 年度样本。样本企业各年度的具体分布见表 7-2。

表7-2　　　　　　　　样本企业年度分布

YEAR	Freq.	Percent	Cum.
2018	380	21.42	21.42
2019	430	24.24	45.66
2020	462	26.04	71.7
2021	502	28.3	100
Total	1774	100	

7.4　实证结果与分析

表7-3汇总了模型(7-1)和模型(7-2)中所有变量的描述性统计结果。其中,因变量企业环境责任(CERPI)的最小值为0,最大值为1,平均值为0.311,标准差为0.240,总体中位数为0.249,结合图7-1可知,样本企业环境责任参与指数主要集中在0—0.4之间,表明我国重污染行业上市公司环境责任履行水平仍处于较低水平。自变量盈利能力(EVAr)的最小值为-0.632,最大值为0.263,均值为0.018,表明样本企业的平均盈利能力较弱。调节变量环保税(ETAX)的均值为10.960,最小值为0,最大值为17.137,表明样本企业所纳环保税的差异较大。控制变量均值与中位数基本相当,表明总体分布较为均衡。

表7-3　　　　　　　　描述性统计分析

Variables	Mean	Std. Dev.	Min	P5	Median	P95	Max
CERPI	0.311	0.240	0.000	0.000	0.249	0.807	1.000
EVAr	0.018	0.106	-0.632	-0.120	0.017	0.159	0.263
ETAX	10.960	3.521	0.000	5.206	11.282	15.872	17.137
SIZE	22.556	1.326	19.714	20.628	22.361	24.965	26.337

续表

Variables	Mean	Std. Dev.	Min	P5	Median	P95	Max
LEV	0.415	0.203	0.064	0.114	0.407	0.759	0.974
EOC	0.340	0.147	0.084	0.131	0.316	0.622	0.734
CH	0.181	0.129	0.014	0.033	0.145	0.439	0.662
R&D	0.016	0.014	0.000	0.000	0.014	0.041	0.090
AGE	3.021	0.260	2.079	2.485	3.045	3.367	3.526

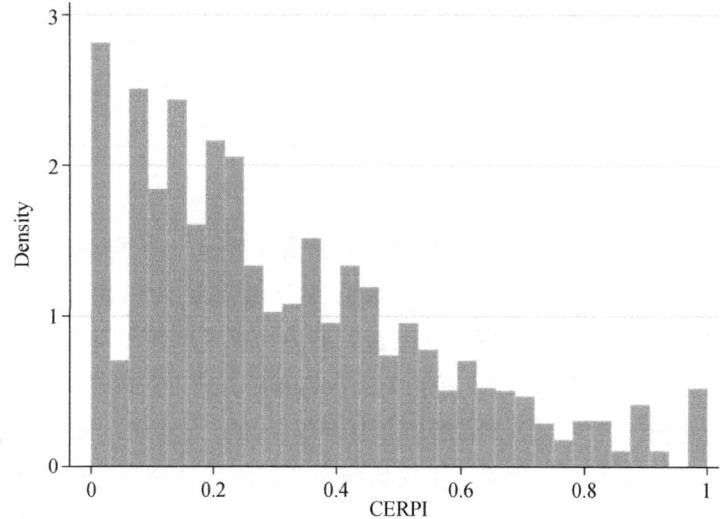

图 7-1 我国重污染行业上市公司企业环境责任参与指数分布图

表 7-4 显示了各变量之间 Pearson 相关性检验的统计结果。所有自变量的相关系数中最大值为 0.614，说明自变量之间充分独立，不存在多重共线性问题。此外，自变量 EVAr 与因变量 CERPI 的相关系数为 0.132，且在 5% 的水平上显著，初步证明盈利能力与企业环境责任参与水平呈正相关关系。而调节变量 ETAX 与 CERPI 的相关系数为 0.255，且在 5% 的水平上显著，初步判断企业环保税与企业环境责任参与水平呈正相关关系。

表7-4　　　　　　　　　　相关性统计结果

Variables	(1)	(2)	(3)	(4)	(5)	(6)	(7)	(8)	(9)
(1) CERPI	1.000								
(2) EVAr	0.132*	1.000							
(3) ETAX	0.255*	0.071*	1.000						
(4) SIZE	0.340*	0.061*	0.614*	1.000					
(5) LEV	0.088*	-0.334*	0.335*	0.470*	1.000				
(6) EOC	0.059*	0.132*	0.165*	0.227*	0.000	1.000			
(7) CH	-0.045	0.215*	-0.278*	-0.288*	-0.425*	0.101*	1.000		
(8) R&D	0.021	0.189*	-0.308*	-0.309*	-0.254*	-0.061*	0.152*	1.000	
(9) AGE	0.034	-0.047*	0.142*	0.161*	0.186*	-0.065*	-0.073*	-0.127*	1.000

注：*表示 $p<0.05$。

表7-5展示了模型（7-1）和模型（7-2）的回归结果。在模型（7-1）中，EVAr的系数为正且具有统计学意义（β=0.829，$p<0.01$），表明总体上盈利能力的提升对我国重污染行业上市公司积极参与环境责任相关活动具有显著的正向影响。这一结果与之前研究（刘丽等，2017；赵萱等，2015）发现一致。因此，假设H7-1企业盈利能力正向影响企业环境责任履行的假设得到了验证。

表7-5　　　　　　　　　　模型的回归结果

Variables	(7-1)	(7-2)
	CERPI	CERPI
	(logit)	(logit)
EVAr	0.829***	0.816***
	(0.004)	(0.004)
ETAX		0.037***
		(0.000)

续表

Variables	(7-1) CERPI (logit)	(7-2) CERPI (logit)
EVAr·ETAX		0.166***
		(0.007)
SIZE	0.344***	0.288***
	(0.000)	(0.000)
LEV	-0.246	-0.276*
	(0.126)	(0.086)
EOC	-0.319*	-0.344*
	(0.081)	(0.061)
CH	0.123	0.239
	(0.575)	(0.280)
R&D	8.431***	9.776***
	(0.000)	(0.000)
AGE	-0.099	-0.110
	(0.324)	(0.270)
YEAR	YES	YES
_cons	-8.403***	-7.145***
	(0.000)	(0.000)

注：括号中为t值；***、**和*分别表示1%、5%和10%水平上显著。

在对模型（7-2）进行回归之前，借鉴以往文献（Guo and Shen，2019；Chen et al.，2012）对连续变量在交互项中的处理方法，先对EVAr和ETAX进行均值中心化处理，然后纳入模型分析，既可缓解多重共线性问题，又可促进主效应的解释。如表7-5所示，在模型（7-2）中，EVAr的系数为正且具有统计学意义（$\beta=0.816$，$p<0.01$），表明在考虑了环境规制的影响后，盈利能力的增加仍对我国重污染上市公司积极履行企业环境责任产生正向

影响。调节变量 ETAX 的系数为正且具有统计学意义（β = 0.037，p < 0.01），说明环保税与因变量 CERPI 为显著正向关系，交互项 EVAr·ETAX 的系数为正且具有统计学意义（β = 0.166，p < 0.01），这表明较高强度的环境规制不仅可以更好地促进企业履行环境责任，而且可以增强盈利能力对企业环境责任履行的影响。

由于 ETAX 是连续变量，无法像分类变量那样展示每个环境规制强度下 EVAr 与 CERPI 之间的关系。为了直观地展示环境规制强度对于 EVAr 对 CERPI 影响的调节作用，本章采用两个值代表环境规制的较高强度和较低强度。它们等于均值中心化后 ETAX 的平均值（0）加上和减去两个标准差（3.52）。以这两个数值为基础，绘制图 7-2 以展示环境规制高强度和低强度下 EVAr 与 CERPI 之间的关系。可以看出，当企业受较高强度的环境规制约束时，CERPI 随着 EVAr 的增加而显著增加，而当公司受较低强度的环境规制约束时，随着 EVAr 的增加，CERPI 不但没有增加，反而略有下降。因此，假设 H7-2 环境规制强度对盈利能力与企业环境责任之间的正向关系发挥增强调节作用的假设得到验证。

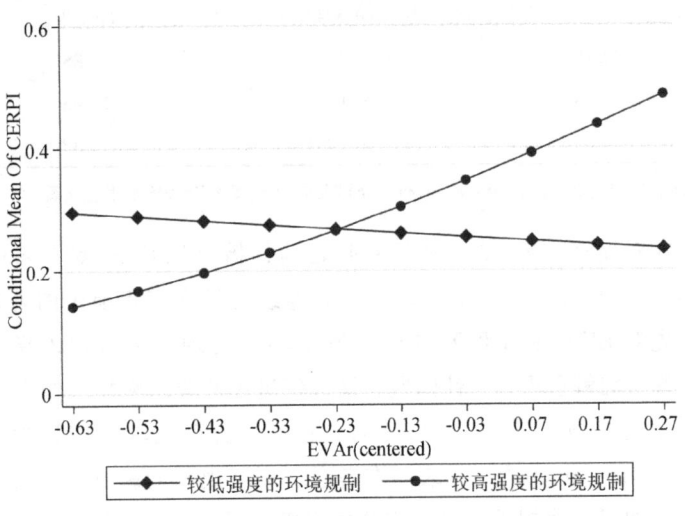

图 7-2 在环境规制较高和较低强度下 EVAr 与 CERPI 的关系

模型（7-1）和模型（7-2）检验了假设 H7-1 和假设 H7-2，结果表明，环境规制强度正向影响企业环境责任履行。这意味着较高强度的环境规制有助于企业更多地参与企业环境责任活动，这与以往的研究结果一致（苏芳等，2022；胡宗义等，2022）。交互项 EVAr·ETAX 的系数也为正，表明较高强度的环境规制增强了盈利能力对企业环境责任履行的正向影响。这些结果证实了我们的推断，即高强度的环境规制从外部压力和内在激励两个方面推动企业转变发展思路，促使管理者主动将企业资源投资于环保领域，从而促进了企业环境责任的履行。

7.5 稳健性分析

为了使研究结果更加稳健，本章从 CERPI 权重替换、变量替换和回归方法替换三个方面进行稳健性检验。

7.5.1 CERPI 权重的替换

对于因变量企业环境责任参与指数 CERPI，其评价指标权重的设置会导致不同的评价结果。因此，本节先对 CERPI 权重的稳健性进行检测，借鉴已有研究（Gulzar et al., 2019；Sial et al., 2018）的处理方法，假设每个指标具有同等重要性，以均等权重重新计算企业环境责任参与指数得到等权重的指标 CERPIe（CERPI with equally weighted）。表7-6显示了将等权重的企业环境责任参与指数（CERPIe）代入模型（7-1）和模型（7-2）后的回归结果。结果显示，环境规制强度（ETAX）在盈利能力（EVAr）和企业环境责任履行（CERPIe）之间的正向关系中起到了显著的增强调节作用，这与表7-5中以 ANP 确定 CERPI 权重的主回归结果一致，参数估计的显著性也相似。检验结果仍支持研究假设，本章研究结论未发生改变。

表7-6　　　　　替换 CERPI 权重的回归结果

Variables	(7-1) CERPIe (logit)	(7-2) CERPIe (logit)
EVAr	0.909***	0.885***
	(0.001)	(0.001)
ETAX		0.040***
		(0.000)
EVAr·ETAX		0.145**
		(0.028)
SIZE	0.306***	0.247***
	(0.000)	(0.000)
LEV	-0.116	-0.147
	(0.449)	(0.336)
EOC	-0.303*	-0.333*
	(0.082)	(0.058)
CH	0.230	0.351*
	(0.271)	(0.094)
R&D	9.620***	11.040***
	(0.000)	(0.000)
AGE	-0.138	-0.153*
	(0.141)	(0.100)
YEAR	0.000	0.000
_cons	-7.315***	-5.991***
	(0.000)	(0.000)

注：括号中为 t 值；***、**和*分别表示1%、5%和10%水平上显著。

7.5.2 盈利能力衡量指标的替换

本章采用净资产收益率（ROE）作为衡量企业盈利能力的替换指标，并代入模型（7-1）和模型（7-2）重新进行检验。如表 7-7 所示，改变自变量度量方式后，盈利能力（ROE）的回归系数和交互项（ROE·ETAX）的回归系数均显著为正，表明环境规制强度在盈利能力和企业环境责任履行之间的正向关系中起到了显著的增强调节作用，这与表 7-5 中以 EVAr 衡量企业盈利能力的主回归结果一致，参数估计的显著性也相似。检验结果仍支持研究假设，本章研究结论未发生改变。

表 7-7　　　　　　　替换盈利能力衡量指标的回归结果

Variables	(7-1) CERPI (logit)	(7-2) CERPI (logit)
ROE	0.410**	0.325*
	(0.017)	(0.051)
ETAX		0.040***
		(0.000)
ROE·ETAX		0.081**
		(0.050)
SIZE	0.350***	0.293***
	(0.000)	(0.000)
LEV	-0.298*	-0.331**
	(0.060)	(0.038)
EOC	-0.313*	-0.345*
	(0.087)	(0.060)

续表

Variables	(7-1) CERPI (logit)	(7-2) CERPI (logit)
CH	0.157	0.282
	(0.473)	(0.201)
R&D	8.892***	10.226***
	(0.000)	(0.000)
AGE	-0.098	-0.113
	(0.331)	(0.258)
YEAR	0.000	0.000
_cons	-8.524***	-7.220***
	(0.000)	(0.000)

注：括号中为 t 值；***、** 和 * 分别表示 1%、5% 和 10% 水平上显著。

7.5.3 环境规制衡量指标的替换

为消除企业资产规模对环保税征收的影响，本章将环保税金额除以企业总资产，并将其定义为环保税占总资产的百分比（ETAX_Ratio），代入模型（7-1）和模型（7-2）重新进行检验。如表 7-8 所示，改变调节变量的度量方式后，EVAr 和 ETAX_Ratio 的回归系数在 1% 水平下显著为正，交互项 EVAr·ETAX_Ratio 的回归系数在 5% 水平下显著为正。这表明环境规制强度在盈利能力和企业环境责任履行之间的正向关系中起到了显著的增强调节作用，这与表 7-5 中以环保税的自然对数衡量企业环境规制的主回归结果一致。检验结果仍支持研究假设，本章研究结论未发生改变。

表7-8　　　　　替换环境规制衡量指标的回归结果

Variables	(7-1) CERPI (logit)	(7-2) CERPI (logit)
EVAr	0.909***	0.821***
	(0.001)	(0.002)
ETAX_Ratio		1.044***
		(0.000)
EVAr·ETAX_Ratio		4.176**
		(0.028)
SIZE	0.306***	0.290***
	(0.000)	(0.000)
LEV	-0.116	-0.134
	(0.449)	(0.378)
EOC	-0.303*	-0.335*
	(0.082)	(0.055)
CH	0.230	0.308
	(0.271)	(0.140)
R&D	9.620***	11.076***
	(0.000)	(0.000)
AGE	-0.138	-0.174*
	(0.141)	(0.063)
YEAR	0.000	0.000
_cons	-7.315***	-6.896***
	(0.000)	(0.000)

注：括号中为t值；***、**和*分别表示1%、5%和10%水平上显著。

7.5.4　回归模型的替换

回归模型的类型选择也会影响实证研究的结果。因此，可以通过回归模型的替换来验证结果的稳健性。本章主回归分析应用 logit 分数回归进行数据统计,见表 7-5 中模型 (7-1) 和模型 (7-2) 的回归结果。在检验结果的稳定性时,应用 probit 分数回归模型替换 logit 分数回归模型。因为除了相似性之外,probit 分数和 logit 分数回归还有一些模型差异 (Hahn & Soyer, 2005)。如表 7-9 所示,采用 probit 分数回归模型后,EVAr、ETAX 及 EVAr·ETAX 的回归系数在 1% 水平下均显著为正,这与表 7-5 中模型 (7-1) 和模型 (7-2) 所示的主回归结果一致。检验结果仍支持研究假设,本章研究结论未发生改变。

表 7-9　　　　　　应用 probit 分数回归模型的结果

Variables	(7-1) CERPI (probit)	(7-2) CERPI (probit)
EVAr	0.472***	0.482***
	(0.004)	(0.004)
ETAX		0.022***
		(0.000)
EVAr·ETAX		0.101***
		(0.005)
SIZE	0.208***	0.175***
	(0.000)	(0.000)
LEV	-0.154	-0.172*
	(0.109)	(0.073)
EOC	-0.188*	-0.202*
	(0.088)	(0.068)
CH	0.073	0.138
	(0.575)	(0.295)

续表

Variables	(7-1) CERPI (probit)	(7-2) CERPI (probit)
R&D	5.039***	5.831***
	(0.000)	(0.000)
AGE	-0.060	-0.066
	(0.320)	(0.265)
YEAR	0.000	0.000
_cons	-5.085***	-4.338***
	(0.000)	(0.000)

注：括号中为 t 值；***、**和 * 分别表示 1%、5% 和 10% 水平上显著。

7.6 进一步分析

依据"社会情感财富理论"的观点，家族企业面对环境规制的影响时，基于对社会声誉和家族传承的追求，相较于非家族企业会更加主动关注环境责任的履行。同时，由于家族对企业的控制和影响，当面临环境规制要求时，家族企业会因注重企业长期发展的需要而更加主动地投资于环保项目，通过将各项资源投入到绿色创新领域，不断降低企业环境责任的履行成本，实现公司长期发展。因此，环境规制对盈利能力与环境责任履行的调节作用在家族企业中更加显著。

基于以上分析，本章参考 Madden 等（2020）的做法，采用摩根士丹利资本国际（MSCI）定义的家族企业概念，将样本进一步分为家族企业和非家族企业，分组进行回归。结果如表 7-10 所示，从非家族企业样本的回归结果看，EVAr、ETAX 及 EVAr·

ETAX 的回归系数均不显著，从家族企业样本的回归结果看，EVAr、ETAX 及 EVAr·ETAX 的回归系数在 1% 水平下均显著为正。这样的结果说明，只有在家族企业，环境规制对盈利能力与环境责任履行的正向关系发挥了增强的调节作用；对非家族企业而言，盈利能力对企业环境责任的履行没有影响，而环境规制对两者关系的改善也未发挥作用。

表 7-10　　　　　　　企业类型异质性的回归结果

Variables	非家族企业		家族企业	
	(7-1) CERPI (logit)	(7-2) CERPI (logit)	(7-1) CERPI (logit)	(7-2) CERPI (logit)
EVAr	0.239	0.185	1.209***	1.398***
	(0.590)	(0.679)	(0.002)	(0.001)
ETAX		0.011		0.049***
		(0.529)		(0.000)
EVAr·ETAX		0.002		0.305***
		(0.976)		(0.001)
SIZE	0.350***	0.337***	0.319***	0.241***
	(0.000)	(0.000)	(0.000)	(0.000)
LEV	-0.282	-0.292	-0.276	-0.336
	(0.250)	(0.235)	(0.201)	(0.112)
EOC	-0.471*	-0.494*	-0.224	-0.154
	(0.093)	(0.086)	(0.358)	(0.521)
CH	0.144	0.201	0.075	0.136
	(0.724)	(0.636)	(0.777)	(0.604)
R&D	16.578***	16.919***	4.576*	6.703***
	(0.000)	(0.000)	(0.063)	(0.006)

续表

Variables	非家族企业		家族企业	
	(7-1) CERPI (logit)	(7-2) CERPI (logit)	(7-1) CERPI (logit)	(7-2) CERPI (logit)
AGE	-0.042	-0.051	-0.179	-0.166
	(0.831)	(0.794)	(0.125)	(0.149)
YEAR	YES	YES	YES	YES
_cons	-8.671***	-8.349***	-7.596***	-5.951***
	(0.000)	(0.000)	(0.000)	(0.000)
Number	701	701	1072	1072

注：括号中为 t 值；***、**和*分别表示1%、5%和10%水平上显著。

7.7 结论与建议

本章以2018—2021年我国A股重污染行业上市公司为研究样本，分析企业层面的环境规制强度对于盈利能力对企业环境责任履行影响的微观机理，检验环境规制是否存在对盈利能力与企业环境责任之间关系的正向调节作用。研究发现，企业盈利能力对企业环境责任履行有显著的积极影响，在考虑环境规制对两者关系的影响后，发现环境规制强度对企业盈利能力与环境责任之间关系存在显著的正向调节作用，即环境规制能够强化盈利能力对企业环境责任的影响。这证实了我们的推断，即高强度的环境规制有助于企业转变发展思路，通过对标环境规制的要求，使企业意识到自身在环境行为上的不足，为了免于违规处罚带来的经济损失及社会声誉损失，管理者不得不将企业资源主动投资于环保领域，创造出更多绿色发明专利与成果，既有效弥补企业在环境治理方面的内在缺陷，又极大地降低企业履行环境责任的成本，实现经济增长与环境保护的均衡发展。进一步分析从企业性质异质性的视角出发，检验了不同类型企业下环境规制调节盈利能力对企业环境责任履行影响的差异性。结果发现，环境规制仅在家族企业盈利能力与环境责任履行的关系中发挥了增强的调节作用；对非家族企业而言，盈利能力与环境责任履行无关，而环境规制对两者关系的改善也没有影响。

本章研究为明确环境规制调节盈利能力与企业环境行为的关系提供了有力证据，探索了激发企业主动履行环境责任的外部途径，展现了如何形成以"政府为主导、企业为主体、社会组织和公众共同参与"的环境治理体系。基于以上研究发现，本章的政策启示意义有三个方面：第一，随着盈利能力的提升，我国重污染行业的上市公司自愿履行环境责任的现象已普遍存在，表明绿色低碳的高质量发展理念及相关政策在这些企业的发展实践中已生根发芽并取得初步成效。第二，政府应该进一步优化环保税的征收标准，提升执法力度，尽可能最大化地发挥环保税这一环境规制的作用。第三，落实环境规制时应充分考虑企业异质性的影响。对家族企业而言，政府应强化环境监管，借助家族企业的内在动力，充分发挥环保税这一政策工具的促进效应。对非家族企业而言，政府应当加大对环境污染行为的处罚力度，倒逼企业担负起履行环境责任的职责。

第 8 章
研究结论

8.1 研究总结

本书因盈利能力与企业社会责任之间关系的实证结果不一致而产生，受到前人指出进一步研究方向的启发而成文。现有研究中关于此类调查的文献似乎并不多见，尤其是在中国这样的新兴市场，企业面临着许多发展机会，但竞争也同样激烈，企业社会责任成为影响企业生存和发展的关键因素之一。所以关注企业资源在何种情形下会主动流向企业社会责任领域并促使企业积极参与社会责任活动，具有重要的现实意义。

本书以 2016—2021 年我国沪深 A 股非金融上市公司为研究样本，通过构建多元分数回归模型，分析盈利能力对企业社会责任参与度的影响在企业类型、企业生命周期阶段和内部控制水平等不同背景下的差异性。主要研究工作归纳如下：

首先，研究了企业类型异质性下盈利能力对企业社会责任参与影响的不同。基于社会情感财富理论、社会政治理论及其他学者研究观点的对比分析，发现家族企业和非家族企业的盈利能力对企业社会责任参与度的敏感性不同，进而提出了家族企业盈利能力对企业社会责任参与度的影响比非家族企业更显著和积极的假设。研究发现，不考虑企业类型的影响时，盈利能力对所有企业参与社会责任均有正向且显著的影响，但考虑企业类型的影响后，只有家族企业盈利能力对企业社会责任参与度的影响是显著积极的，而非家族企业盈利能力对企业社会责任参与度的影响并不显著，研究结果与假设一致。进一步分析考察不同类型企业盈利能力对企业环境责任的影响，发现虽然家族企业在环境责任参与方面显著低于非家族企业的表现，但其盈利能力对环境责任参与度的正向影响显著优于非家族企业。在高质量发展理念正式提出后，家族企业与非家族企业盈利能力对环境责任参与度的影响较之前均有显著提升，且家族企业在环境责任参与方面与非家族企业的差距在缩小。

其次，研究了企业在不同生命周期阶段盈利能力对企业社会责任参与度的影响。基于动态资源理论分析了不同生命周期阶段的企业盈利能力对企业社会责任参与度的影响机理，并检验了与其他阶段企业相比，成熟阶段企业的盈利能力对社会责任参与的正向影响是否更加显著。研究发现，成熟阶段企业在社会责任参与度方面显著优于非成熟阶段企业，但与处于其他阶段的企业相比，成熟阶段企业的盈利能力未对企业社会责任参与度的正向影响产生显著增强的调节效果。经进一步分析发现，在非成熟阶段的企业中，初创阶段企业的两者关系与成熟阶段企业表现一致，即盈利能力对企业社会责任参与度的影响为积极显著的，而企业在成长阶段和衰退阶段两者关系并不显著。此外，初创和衰退阶段企业在社会责任参与度上显著低于成熟阶段企业，成长阶段企业与成熟阶段企业相比未见显著差异。

最后，本书研究了企业内控水平调节盈利能力对企业社会责任参与度的影响。根据高水平的内部控制有助于将企业资源分配给企业社会责任的相关活动并提高这些资源的使用效率和效果，提出了高水平内部控制可以促进盈利能力对企业社会责任参与度影响的假设。研究发现，内部控制水平越高，企业盈利能力与社会责任参与度之间的正向关系越显著,即内控水平能够强化盈利能力对企业社会责任参与度的影响。

此外,我国于 2020 年正式提出碳达峰与碳中和的目标,企业作为市场主体,是经济活动的主要参与者,对国家"双碳"目标实现发挥着重要的作用。环保税作为我国现阶段环境规制体系中的重要政策工具,旨在将企业环境外部性问题内部化。因此,厘清异质性环境规制对盈利能力与企业环境责任履行关系的影响,对于政府合理制定并执行环境规制政策,激发企业参与环境治理的积极性,推动生态文明建设具有重要意义。选取我国 2018—2021 年 A 股重污染行业上市公司为研究对象,探析并实证检验异质性环境规制对盈利能力与企业环境责任关系的调节作用。研究发现,环境规制能够强化盈利能力对企业环境责任的影响,主要通过外部压力和内部激励实现了这种促进效应。进一步分析发现,这种促进效应仅在家族企业中存在,在非家族企业中并不明显。

本书的贡献有以下几个方面。首先,通过验证盈利能力对企业社会责任参与度的影响在不同背景下的显著差异,更新了已有研究普遍假定两者关系为正的传统认知,丰富了盈利能力与企业社会责任之间关系的文献,为理解中国背景下企业盈利能力和企业社会责任之间真实关系提供了新的认知视角,也为证明一般性的研究结果过于笼统提供了强有力的研究证据。

其次,通过对比分析发现,2018 年后我国上市公司无论家族企业还是非家族企业,其盈利能力对环境责任的正向影响较之前均有显著提升,为检验高质量发展理念及相关政策对企业绿色发展的实际影响提供了充分的证据。

再次,通过研究企业生命周期阶段对盈利能力与企业社会责任关系的调节作用,扩展了冗余资源理论,也为企业社会责任参与的声誉和战略价值观及资源依赖理论提供了经验证据。冗余资源(如高盈利能力导致的财务资源充沛)只会为企业加大对社会责任相关领域的投入提供可能性，而非必然性。企业对于社会责任的投资决策是根据企业具体情况制定的（比如，声誉和对利益相关者的依赖程度）。同时也打破了公众对于初创阶段企业不愿意参与企业社会责任活动的刻板印象。

复次，通过研究发现企业内部控制水平对盈利能力与企业社会责任关系的正向调节作用，为企业管理者加强企业内部控制，尤其是社会责任领域的内部控制制度建设提供了重要的决策依据，以有助于实现企业社会责任的决策合理性和实施有效性。

最后，通过研究发现环境规制显著促进了盈利能力与企业环境责任之间的正向关系，为证明环保税是促进企业将环境问题内部化的有效外部途径提供了有力的证据，也为政府监管部门如何进一步鞭策高污染企业积极承担环境责任，实现绿色高质量发展提供了有益启示。

8.2　政策建议

本书的研究结果为政府有关部门制定企业社会责任方面的政策提供了以下参考。第一，鉴于非家族企业在参与社会责任和环境责任方面主动性较差，今后的政策约束应向非家族企业倾斜，以促进所有企业对社会责任的共同参与。第二，鉴于企业内部控制对促进企业主动投资到社会责任领域的显著作用，政府有关部门应进一步出台相关政策鼓励强化企业内控体系建设，完善企业风险防控机制，全面提升企业内部控制体系的有效性，以保障社会责任履行的效率和效果。第三，鉴于环保税在企业环境责任履行中的促进作用，政府应进一步加强对企业污染环境行为的征税。政府应当探索更加合理可行的环境征税依据，加强环境税的执法力度，充分发挥环保税这一环境规制工具的促进效应。

参 考 文 献

陈爱珍，王闯，2023. 企业环境责任、绿色技术创新与企业财务绩效［J］. 税务与经济（04）：82-89.

陈怀超，梁晨，范建红，何智敏，2023. 组织特征和制度距离对在华外资企业社会责任绩效的影响——基于 fsQCA 和 NCA 方法的研究［J］. 管理评论，35（02）：280-293.

陈建林，温正杰，2017. 家族控制、高管激励与企业社会责任——基于中国家族上市公司的实证研究［J］. 南京审计大学学报，14（03）：66-74.

陈怡欣，靳瑞杰，2023. 家族企业交接班意愿与企业社会责任［J］. 山西财经大学学报，45（06）：85-98.

车密，江旭，许珊，杨天文，2022. 股权性质与企业社会责任偏好：基于利益相关者视角的研究［J］. 科学学与科学技术管理，43（08）：137-155.

程晨，李宛蓉，袁媛，2022. 家族企业的文化传承：起源对社会责任履行的影响研究［J］. 管理评论，34（11）：233-245.

成沛祥，肖汪洋，邓超，2015. 上市公司股权结构与企业社会责任关系研究［J］. 求索（07）：101-105.

冯丽丽，2015. 企业社会责任履行效果研究：基于内部控制制度执行视角［M］. 北京：中国财政经济出版社.

冯锋，张燕南，2019. 社会责任承担对企业发展的影响：行业竞争的调节作用［J］. 山东大学学报（哲学社会科学版）（05）：93-101.

高杨,黄明东,2023. 高管教育背景、风险偏好与企业社会责任[J]. 统计与决策,39(10):183-188.

郭文忠,周虹,2020. 高管团队特征、市场化程度与企业社会责任履行——基于 Heckman 两阶段模型的分析[J]. 技术经济与管理研究(02):66-70.

郭玉冰,乔嘉元,郭好,2021. 高管学术经历对企业社会责任履行的影响:基于烙印理论的机制研究[J]. 中国人力资源开发,38(05):84-100.

黄珺,徐莹莹,2021. 女性高管对企业社会责任报告可读性的影响研究[J]. 经济与管理评论,37(01):114-124.

胡宗义,何冰洋,李毅等,2022. 异质性环境规制与企业环境责任履行[J]. 统计研究,39(12):22-37.

金乐琴,2004. 企业社会责任:推动可持续发展的第三种力量[J]. 中国人口·资源与环境(02):122-125.

荆龙姣,2020. 公司治理机制、市场化进程与企业社会责任[J]. 统计与决策,36(09):168-172.

赖妍,张帆,刘俊,2021. 企业社会责任信息披露影响因素研究综述与展望[J]. 会计之友(15):60-64.

李文勤,徐光华,2017. 董事会结构、产权性质与企业社会责任绩效——基于制度环境视角[J]. 会计之友(21):94-98.

李子奈,潘文卿,2015. 计量经济学[M]. 4 版. 北京:高等教育出版社.

李志斌,2014. 内部控制、实际控制人性质与社会责任履行——来自中国上市公司的经验证据[J]. 经济经纬,31(05):109-114.

李志斌,阮豆豆,章铁生,2020. 企业社会责任的价值创造机制:基于内部控制视角的研究[J]. 会计研究(11):112-124.

李兰云,王宗浩,阚立娜,2019. 内部控制与企业社会责任履行——基于代理成本的中介效应检验[J]. 南京审计大学学报, 16 (01): 28-36.

李青原, 肖泽华, 2020. 异质性环境规制工具与企业绿色创新激励——来自上市企业绿色专利的证据[J]. 经济研究, 55 (09): 192-208.

李哲, 王文翰, 王遥, 2022. 企业环境责任表现与政府补贴获取——基于文本分析的经验证据[J]. 财经研究, 48 (02): 78-92+108.

林宏妹, 陈选娟, 吴杰楠, 2020. 高管任期与企业社会责任——基于"职业生涯忧虑"的研究视角[J]. 经济管理, 42 (08): 51-67.

刘建秋, 徐雨露, 2022. 高管地缘关系与社会责任报告语调: 言行一致还是言过其实[J]. 财会月刊 (24): 71-80.

刘娜, 古安伟, 2013. 可持续发展观下企业社会责任概念新解[J]. 社会科学战线 (02): 268-269.

刘晋飞, 2013. 内部治理、盈利能力和成长能力与企业社会责任的实证研究——基于我国电力行业上市公司的经验数据[J]. 上海管理科学, 35 (04): 69-75.

刘丽, 刘丹, 王爽等, 2017. 中央企业履行环境责任的影响因素研究[J]. 统计与决策 (16): 178-182.

卢洪友, 邓谭琴, 余锦亮, 2019. 财政补贴能促进企业的"绿化"吗？——基于中国重污染上市公司的研究[J]. 经济管理, 41 (04): 5-22.

吕牧, 尹世芬, 2015. 股权性质对企业社会责任的影响——基于中国A股上市公司的实证研究[J]. 财会月刊 (24): 38-42.

买生, 伊其俊, 李腾飞, 齐丽云, 2016. 企业社会责任实践影响因素的差异分析[J]. 大连理工大学学报（社会科学版）, 37 (03): 84-89.

商华,尹海磊,董大海,管温馨,2022. 我国国有企业社会责任实现驱动力研究——基于内生性视角[J]. 科研管理,43(10):136-149.

苏芳,蔡莎,范冰洁,2020. 地理分散、内部控制有效性与企业社会责任——以我国食品行业为例[J]. 南京审计大学学报,17(02):40-48.

孙婷,2020. 社会责任报告、双重公共压力与企业环境信息披露[J]. 财会通讯(03):47-51.

孙艳梅,陶利斌,2019. 股权结构、公司治理与企业社会责任行为[J]. 浙江学刊(01):111-123.

王文,张文隆,2009. 企业可持续发展研究:基于企业社会责任的视角[J]. 科学学与科学技术管理,30(09):154-157.

肖红军,阳镇,凌鸿程,2021. "鞭长莫及"还是"遥相呼应":监管距离与企业社会责任[J]. 财贸经济,42(10):116-131.

薛有志,西贝天雨,2022. 公司治理视角下企业社会责任行为的制度化探索[J]. 南开学报(哲学社会科学版)(02):183-192.

杨雄胜,2005. 内部控制理论研究新视野[J]. 会计研究(7):49-55.

杨小科,石颖,2015. 企业环境绩效影响因素分析[J]. 中国社会科学院研究生院学报(02):39-44.

阳镇,许英杰,2017. 企业社会责任治理:成因、模式与机制[J]. 南大商学评论,14(04):145-174.

伊力奇,李涛,张婷,李昂,2020. 国有企业高管权力、内部控制与社会责任[J]. 软科学,34(08):25-29.

余方平,刘龙方,孟斌,石宝峰,2020. 基于集对分析的交通运输行业企业社会责任组合评价研究[J]. 管理评论,32(01):

219-234.

昝淑珍,2009.试析政府对企业社会责任的监管[J].中国行政管理(10):98-101.

赵萱,张列柯,郑开放,2015.企业环境责任信息披露制度绩效及其影响因素实证研究[J].西南大学学报(社会科学版),41(03):64-74+190.

张劲松,李沐瑶,2021.企业社会责任,内部控制与财务绩效关系研究:基于技术创新视角[J].预测,40(04):81-87.

张强忠,何新月,张攀,朱庆华,2022.国有企业社会责任履行的动力机制研究[J].管理案例研究与评论,15(02):172-183.

张柴,2016.论股权结构对企业社会责任的影响[J].财经问题研究(S2):92-94.

张宏,聂嘉仪,2021.绿色发展视域下政府环境规制对企业绿色创新的影响——企业环境责任的中介作用[J].科技与经济,34(02):36-40.

周卫中,赵金龙,2017.家族涉入、国际化经营与企业环境责任[J].吉林大学社会科学学报,57(06):84-94+205.

周国栋,2012.我国能源企业社会责任与财务绩效的相关性分析[J].管理现代化(06):88-90.

朱锦程,2007.政府、企业与社会三者关系中的中国企业社会责任监管机制[J].社会科学战线(01):303-305.

朱乃平,朱丽,孔玉生等,2014.技术创新投入、社会责任承担对财务绩效的协同影响研究[J].会计研究(02):57-63+95.

朱明秀,邵京京,2019.高管过度自信、董事会独立性与企业社会责任[J].财会通讯(27):91-95.

朱乐,陈承,2020.关系嵌入视角下高管团队异质性对企业社会责任绩效的影响研究 [J]. 管理学报, 17 (09): 1318 – 1326.

Aaronson, S. A., Reeves, J., 2002. The European Response to Public Demands for Global Corporate Responsibility [M]. National Policy Association: Washington, DC, USA.

Acar, M., Temiz, H., 2020. Empirical analysis on corporate environmental performance and environmental disclosure in an emerging market context: socio – political theories versus economics disclosure theories [J]. *International Journal of Emerging Markets*, 15 (6): 1061 – 1082.

Adomako, S., Amankwah – Amoah, J., Danso, A., Konadu, R., Owusu – Agyei, S., 2019. Environmental sustainability orientation and performance of family and nonfamily firms [J]. *Business Strategy and the Environment*, 28 (6): 1250 – 1259.

Ali, W., Frynas, J. G., Mahmood, Z., 2017. Determinants of corporate social responsibility (CSR) disclosure in developed and developing countries: A literature review [J]. *Corporate Social Responsibility and Environmental Management*, 24 (4): 273 – 294.

Alshehhi, A., Nobanee, H., Khare, N., 2018. The impact of sustainability practices on corporate financial performance: Literature trends and future research potential [J]. *Sustainability (Switzerland)*, 10 (2).

Aguilar, J. L. E., 2018. Corporate social responsibility practices developed by Mexican family and non – family businesses [J]. *Journal of Family Business Management*, 9 (1): 40 – 53.

Ambec, S., Barla P., 2002. A Theoretical Foundation of the Porter Hypothesis [J]. *Economics Letters*, 75 (3): 355 – 360.

Arvidsson, S., 2010. Communication of corporate social responsibility: A study of theviews of management teams in large companies

[J]. *Journal of Business Ethics*, 96 (3): 339 -354.

Barney, J. , 1991. Firm resources and sustained competitive advantage [J]. *Journal of Management*, 17 (1): 99 -120.

Baum, C. F. , 2008. Stata tip 63: modeling proportions [J]. *Stata Journal*, 8 (2): 299 -303.

Berrone, P. , Cruz, C. , Gomez - Mejia, L. R. , 2012. Socioemotional wealth in family firms: Theoretical dimensions, assessment approaches, and agenda for future research [J]. *Family Business Review*, 25 (3): 258 -279.

Berrone, P. , Cruz, C. , Gomez - Mejia, L. R. , Larraza - Kintana, M. , 2010. Socioemotional wealth and corporate responses to institutional pressures: Do family - controlled firms pollute less? [J]. *Administrative Science Quarterly*, 55 (1): 82 -113.

Block, J. , Wagner, M. , 2014. Ownership versus management effects on corporate social responsibility concerns in large family and founder firms [J]. *Journal of Family Business Strategy*, 5 (4): 339 -346.

Børing, P. 2019. The relationship between firm productivity, firm size and CSR objectives for innovations [J]. *Eurasian Business Review*, 9 (3): 269 -297.

Cambell, L. J. , 2007. Why would corporations behave in socially responsible ways? An institutional theory of corporate social responsibility [J]. *Academy of Management Review*, 32: 946 -967.

Cane, N. , 2013. What is The Triple Bottom Line? [J]. Retrieved from https: //natecate. wordpress. com/2013/04/10/what - is - the - triple - bottom - line/ (accessed 29 June 2015).

Cao, F. , Peng, S. , Ye, K. 2019. Multiple large shareholders and corporate social responsibility reporting [J]. *Emerging Markets*

Review, 38: 287 - 309.

Carey, P., Liu, L., Qu, W., 2017. Voluntary corporate social responsibility reporting and financial statement auditing in China [J]. *Journal of Contemporary Accounting and Economics*, 13 (3): 244 - 262.

Carroll, A. B., 1979. A three dimensional conceptual model of corporate social performance [J]. *Academy of Management Review*, 4 (4): 497 - 505.

Carroll, A. B., 1991. The pyramid of corporate social responsibility: Toward the moral management of organizational stakeholders [J]. *Business Horizon*, 34 (4): 39 - 48.

Carroll, A. B., 2009. A history of corporate social responsibility: Concepts and practices [J]. *The Oxford Handbook of Corporate Social Responsibility*, 1: 1 - 20.

Carroll, A. B., 2016. Carroll's pyramid of CSR: taking another look [J]. *International journal of corporate social responsibility*, 1 (1): 1 - 8.

Castka, P., Bamber, C. J., Bamber, D. J., 2004. Integrating corporate social responsibility (CSR) into ISO management systems - In search of a feasible CSR management system framework [J]. *TQM Magazine*, 16 (3): 216 - 224.

Cennamo, C., Berrone, P., Cruz, C., Gomez - Mejia, L. R., 2012. Socioemotional wealth and proactive stakeholder engagement: Why family - controlled firms care more about their stakeholders [J]. *Entrepreneurship: Theory and Practice*, 36 (6): 1153 - 1173.

Chaharbaghi, K., Lynch, R., Lynch, R., 1999. Sustainable competitive advantage: towards a dynamic resource - based strategy [J]. *Management Decision*, 37 (1): 45 - 50.

Chen, C. X., Lu, H., Sougiannis, T., 2012. The agency problem, corporate governance, and the asymmetrical behavior of selling, general, and administrative costs [J]. *Contemporary Accounting Research*, 29 (1): 252–282.

Chen, G., Firth, M., Xu, L., 2009. Does the type of ownership control matter? Evidence from China's listed companies [J]. *Journal of Banking and Finance*, 33 (1): 171–181.

Chen, Y. C., Hung, M., Wang, Y., 2018. The effect of mandatory CSR disclosure on firm profitability and social externalities: Evidence from China [J]. *Journal of Accounting and Economics*, 65 (1): 169–190.

Cheng, Q., Goh, B. W., Kim, J. B., 2018. Internal control and operational efficiency [J]. *Contemporary Accounting Research*, 35 (2): 1102–1139.

Cho, C. H., Patten, M. D., 2007. The role of environmental disclosures as tools of legitimacy: A research note [J]. *Accounting, Organizations and Society*, 32: 639–647.

Cho, S. Y., Lee, C., 2017. Managerial efficiency, corporate social performance, and corporate financial performance [J]. *Journal of Business Ethics*, 158 (2): 467–486.

Cierna, H., Sujová, E., 2020. Integrating principles of excellence and of socially responsible entrepreneurship [J]. *Management Systems in Production Engineering*, 28 (1): 23–28.

Clarkson, P. M., Li, Y., Richardson, G. D., Vasvari, F. P., 2011. Does it really pay to be green? Determinants and consequences of proactive environmental strategies [J]. *Journal of Accounting and Public Policy*, 30 (2): 122–144.

Committee of Sponsoring Organizations of the Treadway Commission. , 2013. *Internal Control—Integrated Framework* [S].

Cordeiro, J. J. , Galeazzo, A. , Shaw, T. S. , Veliyath, R. , Nandakumar, M. K. , 2018. Ownership influences on corporate social responsibility in the Indian context [J]. *Asia Pacific Journal of Management*, 35 (4): 1107 –1136.

Dahlsrud, A. , 2008. How corporate social responsibility is defined: An analysis of 37 definitions [J]. *Corporate Social Responsibility and Environmental Management*, 15 (1): 1 –13.

Dam, L. , Scholtens, B. , 2013. Ownership concentration and CSR policy of European multinational enterprises [J]. *Journal of Business Ethics*, 118 (1): 117 –126.

DeAngelo, H. , DeAngelo, L. , Stulz, R. M. , 2006. Dividend policy and the earned/contributed capital mix: a test of the life – cycle theory [J]. *Journal of Financial Economics*, 81 (2): 227 –254.

Dhar, B. K. , Harymawan, I. , Sarkar, S. M. , 2022. Impact of corporate social responsibility on financial expert CEOs' turnover in heavily polluting companies in Bangladesh [J]. *Corporate Social Responsibility and Environmental Management*, (October 2021): 1 –11.

Dickinson, V. , 2011. Cash flow patterns as a proxy for firm life cycle [J]. *Accounting Review*, 86 (6): 1969 –1994.

DiMaggio, P. J. , Powell, W. W. , 1983. The iron cage revisited: Institutional isomorphism and collective rationality in organizational fields [J]. *American sociological review*, 147 –160.

Dluhošová, D. et al. , 2014. *Financial management and decision – making of a company. Analysis, investing, valuation, sensitivity, risk, flexibility* [M]. SAEI, vol. 28. Ostrava. Czech Republic.

Dobler, M. , Lajili, K. , Zéghal, D. , 2015. Corporate environmental sustainability disclosures and environmental risk: Alternative tests of socio – political theories [J]. *Journal of Accounting & Organizational Change*, 11 (3): 301 – 332.

Drobetz, W., Halling, M., Schrrder, H., 2015. Corporate Life – Cycle Dynamics of Cash Holdings [J]. *SSRN Electronic Journal*, (15).

Ducassy, I., Montandrau, S., 2015. Corporate social performance, ownership structure, and corporate governance in France [J]. *Research in International Business and Finance*, 34: 383 – 396.

Dyduch, J., Krasodomska, J., 2017. Determinants of corporate social responsibility disclosure: An empirical study of Polish listed companies [J]. *Sustainability (Switzerland)*, 9 (11): 1934.

El Akremi, A., Gond, J. P., Swaen, V., De Roeck, K., Igalens, J., 2018. How do employees perceive corporate responsibility? Development and validation of a multidimensional corporate stakeholder responsibility scale [J]. *Journal of Management*, 44 (2): 619 – 657.

Elkington, J., 1997. *Cannibals with Forks. The Triple Bottom Line of 21st Century* [M]. Capstone Publishing Ltd.: Oxford, UK.

Endrikat, J., Guenther, E., Hoppe, H., 2014. Making sense of conflicting empirical findings: A meta – analytic review of the relationship between corporate environmental and financial performance [J]. *European Management Journal*, 32 (5): 735 – 751.

Faller, C. M., zu Knyphausen – Aufseß, D., 2018. Does equity ownership matter for corporate social responsibility? A literature review of theories and recent empirical findings [J]. *Journal of Business Ethics*, 150 (1): 15 – 40.

Fatma, M., Rahman, Z., Khan, I., 2015. Building company reputation and brand equity through CSR: the mediating role of trust

[J]. *International Journal of Bank Marketing*, 33 (6): 840 - 856.

Fombrun, C. J. , 2005. A world of reputation research, analysis and thinking - building corporate reputation through CSR initiatives: Evolving standards [J]. *Corporate Reputation Review*, 8 (1): 7 - 12.

Gao, X. , 2021. *Internal Control, Corporate Governance Attributes, and Corporate Social Responsibility (CSR) Disclosure: Evidence from the Power and Chemical Industries in China* [D]. Murdoch University.

Gao, W. , Huang, Z. , Yang, P. , 2019. Political connections, corporate governance and M&A performance: Evidence from Chinese family firms [J]. *Research in International Business and Finance*, 50: 38 - 53.

Giannarakis, G. , 2014. Corporate governance and financial characteristic effects on the extent of corporate social responsibility disclosure [J]. *Social Responsibility Journal*, 10 (4): 569 - 590.

Girerd - Potin, I. , Jimenez - Garcès, S. , Louvet, P. , 2014. Which dimensions of social responsibility concern financial investors? [J]. *Journal of Business Ethics*, 121 (4): 559 - 576.

Global sustainable investment alliance. , 2020. *Global Sustainable Investment Review* 2020 [R].

Gómez - Mejía, L. R. , Haynes, K. T. , Núñez - Nickel, M. , Jacobson, K. J. L. , Moyana - Fuentes, J. , 2007. Socioemotional wealth and business risks in family - controlled firms: Evidence from Spanish olive oil mills [J]. *Administrative Science Quarterly*, 52: 106 - 137.

Gulzar, M. A. , Cherian, J. , Hwang, J. , Jiang, Y. , Sial, M. S. , 2019. The impact of board gender diversity and foreign institutional investors on the corporate social responsibility (CSR) engagement of Chinese listed companies [J]. *Sustainability* (*Switzerland*), 11 (2): 1 - 19.

Guo, M., Shen, S., 2019. Managerial shareholding and CSR: Does internal control quality matter? - Evidence from China [J]. *Sustainability* (*Switzerland*), 11 (15).

Gupta, Y. P., Chin, D. C. W., 1994. Organizational life cycle: A review and proposed directions [J]. *The Mid - Atlantic Journal of Business*, 30 (3): 269 - 295.

Ha̧bek, P., 2017. *Corporate Social Responsibility Reporting. Practices of Visegrad Group Countries* [M]. PA NOVA SA: Gliwice, Poland.

Habib, A., Huang, X., 2019. CSR investment and cash flow sensitivity under the managerial optimism [J]. *Journal of Statistics and Management Systems*, 22 (1): 11 - 30.

Hahn, E. D., Soyer, R., 2005. Probit and logit models: differences in the multivariate realm [J]. *Journal of the Royal Statistical Society*, 67: 1 - 12.

Hang, M., Geyer - Klingeberg, J. Rathgeber, A. W., 2019. It is merely a matter of time: A meta - analysis of the causality between environmental performance and financial performance [J]. *Business Strategy and the Environment*, 28 (2): 257 - 273.

Hao, D. Y., Qi, G. Y., Wang, J., 2018. Corporate social responsibility, internal controls, and stock price crash risk: The Chinese stock market [J]. *Sustainability* (*Switzerland*), 10 (5).

Hasan, M. M., Habib, A., 2017. Corporate life cycle, organizational financial resources and corporate social responsibility [J]. *Journal of Contemporary Accounting and Economics*, 13 (1): 20 - 36.

Helfat, C. E., Peteraf, M. A., 2003. The dynamic resource -

based view: capability lifecycles [J]. *Strategic Management Journal*, 1010 (10 SPEC ISS.): 997 -1010.

Hsu, F. J., 2018. Does corporate social responsibility extend firm life-cycles? [J]. *Management Decision*, 56 (11): 2408 -2436.

Huang, J. J., Tzeng, G. H., Ong, C. S., 2005. Multidimensional data in multidimensional scaling using the analytic network process [J]. *Pattern Recognition Letters*, 26 (6): 755 -767.

Jawahar, I. M., Mclaughlin, G. L., 2001. Toward a descriptive stakeholder theory: An organizational life cycle approach [J]. *Academy of Management Review*, 26 (3): 397 -414.

Jenkins, H., 2006. Small business champions for corporate social responsibility [J]. *Journal of Business Ethics*, 67 (3): 241 -256.

Jiraporn, P., Withisuphakorn, P., 2016. The effect of firm maturity on corporate social responsibility (CSR): do older firms invest more in CSR? [J]. *Applied Economics Letters*, 23 (4): 298 -301.

Jo, H., Harjoto, M. A., 2011. Corporate governance and firm value: The impact of corporate social responsibility [J]. *Journal of Business Ethics*, 103 (3): 351 -383.

Jo, H., Na, H., 2012. Does CSR reduce firm risk? Evidence from controversial industry sectors [J]. *Journal of Business Ethics*, 110 (4): 441 -456.

Joshi, G. S., Hyderabad, R. L., 2019. Determinants of corporate social responsibility reporting in India [J]. *Journal of Management*, 6 (1): 1 -10.

Kansal, M., Joshi, M., Singh, G., 2014. Determinants of corporate social responsibility disclosures: Evidence from India [J]. *Advances in Accounting*, 30 (1): 217 -229.

Khan, A., Muttakin, M. B., Siddiqui, J., 2013. Corporate

governance and corporate social responsibility disclosures: Evidence from an emerging economy [J]. *Journal of Business Ethics*, 114 (2): 207 - 223.

Khan, F. U. , Zhang, J. , Dong, N. , Usman, M. , Ullah, S. , Ali, S. , 2021. Does privatization matter for corporate social responsibility? Evidence from China [J]. *Eurasian Business Review*, 11 (3): 497 - 515.

Kolk, A. , 2008. Sustainability, accountability and corporate governance: exploring multinationals reporting practices [J]. *Business Strategy and the Environment*, 17 (1): 1 - 15.

KsiężaK, P. , FischBach, B. , 2017. Triple bottom line: The pillars of CSR [J]. *Journal of corporate responsibility and leadership*, 4 (3): 95 - 110.

Lamb, N. H. , Butler, F. C. , 2018. Theinfluence of family firms and institutional owners on corporate social responsibility performance [J]. *Business and Society*, 57 (7): 1374 - 1406.

Lee, W. J. , Choi, S. U. , 2018. Effects of corporate life cycle on corporate social responsibility: evidence from Korea [J]. *Sustainability*, 10 (10): 3794.

Lester, D. L. , Parnell, J. A. , Carraher, S. , 2003. Organizational life cycle: A five - stage empirical scale [J]. *The International Journal of Organizational Analysis.* , 11 (4): 339 - 354.

Li, W. , Zhang, R. , 2010. Corporate social responsibility, ownership structure, and political interference: Evidence from China [J]. *Journal of Business Ethics*, 96 (4): 631 - 645.

Li, X. , 2020. The effectiveness of internal control and innovation performance: An intermediary effect based on corporate social responsibility [J]. *PLoS ONE*, 15 (6): e0234506.

Li, X., Zheng, C., Liu, G., Sial, M. S., 2018. The effectiveness of internal control and corporate social responsibility: Evidence from Chinese capital market [J]. *Sustainability (Switzerland)*, 10 (11).

Lin, Y., Wu, L., 2014. Exploring the role of dynamic capabilities in firm performance under the resource - based view framework [J]. *Journal of Business Research*, 67 (3): 407 - 413.

Liu, J. Y., 2018. An internal control system that includes corporate social responsibility for social sustainability in the new era [J]. *Sustainability (Switzerland)*, 10 (10).

López - González, E., Martínez - Ferrero, J., García - Meca, E., 2019. Corporate social responsibility in family firms: A contingency approach [J]. *Journal of Cleaner Production*, 211: 1044 - 1064.

Lyon, T. P., Maxwell, J. W., 2004. *Corporate environmentalism and public policy* [M]. Cambridge University Press.

Madden, L., McMillan, A., Harris, O., 2020. Drivers of selectivity in family firms: Understanding the impact of age and ownership on CSR [J]. *Journal of Family Business Strategy*, 11 (2): 100335.

Margolis, J. D., Walsh, J. R., 2003. Misery loves rethinking companies: Social initiatives [J]. *Administrative Science Quaterly*, 48 (2): 268 - 305.

Marquis, C., Qian, C., 2014. Corporate social responsibility reporting in China: Symbol or substance? [J]. *Organization Science*, 25 (1): 127 - 148.

McGuire, J. B., Sundgren, A., Schneeweis, T., 1988. Corporate social responsibility and firm financial performance [J]. *Academy of Management Journal*, 31 (4): 854 - 872.

McGuire, J., Dow, S., Ibrahim, B., 2012. All in the family?

Social performance and corporate governance in the family firm [J]. *Journal of Business Research*, 65 (11): 1643 –1650.

McWilliams, A., Van Fleet, D. D., Cory, K. D., 2002. Raising rivals' costs through political strategy: an extension of resource – based theory [J]. *Journal of Management Studies*, 39 (5): 707 – 724.

Meyer, J. W., Rowan, B., 1977. Institutionalized organizations: Formal structure as myth and ceremony [J]. *American journal of sociology*, 83 (2): 340 –363.

Miller, D., Friesen, P. H., 1984. A longitudinal study of the corporate life cycle [J]. *Management Science*, 23 (4): 1161 – 1183.

Minor, D., Morgan, J., 2011. CSR as reputation insurance: Primum non nocere [J]. *California Management Review*, 53 (3): 40 –59.

Moravcikova, K., Stefanikova, L'., Rypakova, M., 2015. CSR reporting as an important tool of CSR communication [J]. *Procedia Economics and Finance*, 26: 332 –338.

Morsing, M., Spence, L. J., 2019. Corporate social responsibility (CSR) communication and small and medium sized enterprises: The governmentality dilemma of explicit andimplicit CSR communication [J]. *Human Relations*, 72 (12): 1920 –1947.

Naciti, V., 2019. Corporate governance and board of directors: The effect of a board composition on firm sustainability performance [J]. *Journal of Cleaner Production*, 237: 117727.

Nikolaeva, R., Bicho, M., 2011. The role of institutional and reputational factors in the voluntary adoption of corporate social responsibility reporting standards [J]. *Journal of the Academy of Marketing Sci-*

ence, 39: 136 – 157.

Oh, W. Y., Chang, Y. K., Martynov, A., 2011. The effect of ownership structure on corporate social responsibility: Empirical evidence from Korea [J]. *Journal of Business Ethics*, 104 (2): 283 – 297.

Okan, T., Peker, I., Demirelli, S., 2015. A corporate social responsibility framework for mining sector using analytic network process [J]. *International Business Research*, 8 (12): 9.

Orlitzky, M., Schmidt, F. L., Rynes, S. L., 2003. Corporate social and financial performance: A mete – analysis [J]. *Organization Studies*, 24 (3): 403 – 441.

Panapanaan, V. M., Linnanen, L., Karvonen, MM., Phan, V., 2003. Roadmapping Corporate Social Responsibility in Finnish Companies [J]. *Journal of Business Ethics*, 44: 133 – 148.

Park, B. J., 2021. Corporate social and financial performance: the role of firm life cycle in business groups [J]. *Sustainability (Switzerland)*: 13 (13).

Papke, L. E., Wooldridge, J. M., 1996. Econometric methods for fractional response variables with an application to 401 (k) plan participation rates [J]. *Journal of Applied Economics*, 11 (6): 619 – 632.

Park, E., Joon, K., Jib, S., 2017. Corporate social responsibility as a determinant of consumer loyalty: An examination of ethical standard, satisfaction, and trust [J]. *Journal of Business Research*, 76: 8 – 13.

Parker, D., 2002. Economic regulation: a review of issues [J]. *Annals of Public and Cooperative Economics*, 73 (4): 493 – 519.

Parsa, S., Dai, N., Belal, A., Li, T., Tang, G., 2021. Corporate social responsibility reporting in China: political, social and corporate influences [J]. *Accounting and Business Research*, 51 (1): 36 – 64.

Penrose, E. T., 1959. *The Theory of the Growth of the Firm* [M]. Wiley: New York, USA.

Pigou, A., 1920. *The Economics of welfare* [M]. London, England: Macmillan and Company.

Poplawska, J., Labib, A., Reed, D. M., 2015. A hybrid multiple – criteria decision analysis framework for corporate social responsibility implementation applied to an extractive industry case study [J]. *Journal of the Operational Research Society*, 66 (9): 1491 – 1505.

Porter, M. E., 2004. *Competitive Strategy: Techniques for Analyzing Industries and Competitors* [M]. Free Press, New York.

Posner, R. A., 1974. *Theories of economic regulation* [M]. National Bureau of Economic Research.

Qiu, X., 2013. Corporate philanthropic disaster response and post performance: Evidence from China [J]. *International Journal of Management and Marketing Research*, 6 (2): 39 – 51.

Reverte, C., 2009. Determinants of corporate social responsibility disclosure ratings by Spanish listed firms [J]. *Journal of Business Ethics*, 88 (2): 351 – 366.

Rodríguez – Ariza, L., Cuadrado – Ballesteros, B., Martínez – Ferrero, J., García – Sánchez, I. M., 2017. The role of female directors in promoting CSR practices: An international comparison between family and non – family businesses [J]. *Business Ethics*, 26 (2): 162 – 174.

Saaty, T. L., 1980. *The Analytic Hierarchy Process* [M]. McGraw – Hill, New York.

Saaty, T. L., 1996. *Decision Making with Dependence and Feed-*

back: *The Analytic Network Process* [M]. RWS publications.

Shahzad, A. M., Mousa, F. T., Sharfman, M. P., 2016. The implications of slack heterogeneity for the slack - resources and corporate social performance relationship [J]. *Journal of Business Research*, 69 (12): 5964 -5971.

Shahzad, F., Lu, J., Fareed, Z., 2019. Does firm life cycle impact corporate risk taking and performance? [J]. *Journal of Multinational Financial Management*, 51: 23 -44.

Shleifer, A., 2005. Understanding regulation [J]. *European Financial Management*, 11 (4): 439 -451.

Sial, M. S., Zheng, C., Khuong, N. V., Khan, T., Usman, M., 2018. Does firm performance influence corporate social responsibility reporting of Chinese listed companies? [J]. *Sustainability (Switzerland)*, 10 (7).

Sindhi S, Kumar N., 2012. Corporate environmental responsibility - transitional and evolving [J]. *Management of Environmental Quality: An International Journal*, 23 (6): 640 -657.

Spira, L. F., Page, M., 2003. Risk management: The reinvention of internal control and the changing role of internal audit [J]. *Accounting, Auditing & Accountability Journal*, 16 (4): 640 -661.

Stinchcombe, A. L., 1965. *Social structure and organisation* [M]. Rand McNally: Chicago, USA.

Suchman, M. C., 1995. Approaches and Strategic Managing Legitimacy [J]. *Academy of Management Review*, 20: 571 -610.

Sufian, M. A., Zahan, M., 2013. Ownership structure and corporate social responsibility disclosure in Bangladesh [J]. *International Journal of Economics and Financial Issues*, 3 (4): 901 -909.

Surroca, J., Tribó, J. A., Waddock, S., 2010. Corporate responsibility and financial performance: The role of intangible resources [J]. *Strategic Management Journal*, 31 (5): 463 - 490.

Swandari, F. , Sadikin, A. , 2016. The effect of ownership structure, profitability, leverage, and firm size on corporate social responsibility (CSR) [J]. *Binus Business Review*, 7 (3): 315.

Tate, W. L. , Ellram, L. M. , Kirchoff, J. F. , 2010. Corporate social responsibility reports: A thematic analysis related to supply chain management [J]. *Journal of Supply Chain Management*, 46 (1): 19 - 44.

Tsai, W. H. , Hsu, J. L. , Chen, C. H. , Lin, W. R. , Chen, S. P. , 2010. An integrated approach for selecting corporate social responsibility programs and costs evaluation in the international tourist hotel [J]. *International Journal of Hospitality Management*, 29 (3): 385 - 396.

Udayasankar, K. , 2008. Corporate social responsibility and firm size [J]. *Journal of Business Ethics*, 83 (2): 167 - 175.

Uddin, M. B. , Hassan, M. R. , Tarique, K. M. , 2008. Three Dimensional Aspects of Corporate Social Responsibility [J]. *Journal of Business and Economics*, 3 (1): 199 - 212.

Rehman, A. , Wang, M. , Yu, H. , 2016. Dynamics of financial leverage across firm life cycle in Chinese firms: an empirical investigation using dynamic panel data model [J]. *China Finance and Economic Review*, 4: 1 - 22.

Waddock, S. A. , Graves, S. B. , 1997. The corporate social performance - financial performance link [J]. *Strategic Management Journal*, 18 (4): 303 - 319.

Wang, J. , Lu, J. , 2021. Religion and corporate tax compliance: evidence from Chinese Taoism and Buddhism [J]. *European*

Business Review, 11 (2): 327-347.

Wang, Q., Dou, J., Jia, S., 2016. A meta-analytic review of corporate social responsibility and corporate financial performance: The moderating effect of contextual factors [J]. Business and Society, 55 (8): 1083-1121.

Wang, Y., Tang, M., Yu, X., 2015. Can the high quality of internal control promote the fulfillment of corporate social responsibility in energy enterprises? [C]. In 2015 Asia-Pacific Energy Equipment Engineering Research Conference. Atlantis Press: 526-530.

Wernerfelt, B. (1984). A resource-based view of the firm [J]. Strategic Management Journal, 5 (2): 171-180.

Wilhelm, M. M., Blome, C., Bhakoo, V., Paulraj, A., 2016. Sustainability in multi-tier supply chains: Understanding the double agency role of the first-tier supplier [J]. Journal of Operations Management, 41: 42-60.

Wooldridge, J. M., 2010. Econometric Analysis of Cross Section and Panel Data [M]. MIT press, Cambridge, Massachusetts.

Wu, S., Lin, F., Wu, C., 2012. A study on taiwanese corporate social responsibility and ownership structures [J]. Corporate Ownership and Control, 9 (3): 111-122.

Wu, X., Dluhošová, D., Zmeškal, Z., 2021. Corporate social responsibility and profitability: The moderating role of firm type in Chinese appliance listed companies [J]. Energies, 14 (1): 227.

Wu, X., Dluhošová, D., Zmeškal, Z., 2023. The moderating role of a corporate life cycle with the impact of economic value-added on corporate social responsibility: Evidence from China's listed companies [J]. Emerging Markets Review, 55: 101021.

Yang J, Guo H, Liu B, et al., 2018. Environmental Regulation and the Pollution Haven Hypothesis: Do Environmental Regulation Measures Matter? [J]. Journal of Cleaner Production, 202: 993 – 1000.

Zahid, M., Rahman, H. U., Muneer, S., Butt, B. Z., Isah – Chikaji, A., Memon, M. A., 2019. Nexus between government initiatives, integrated strategies, internal factors and corporate sustainability practices in Malaysia [J]. Journal of Cleaner Production, 241: 118329.

Zhang, R., Rezaee, Z., Zhu, J., 2010. Corporate philanthropic disaster response and ownership type: Evidence from Chinese firms' response to the Sichuan earthquake [J]. Journal of Business Ethics, 91 (1): 51 – 63.

Zhao, N., Patten, D. M., 2016. An exploratory analysis of managerial perceptions of social and environmental reporting in China: Evidence from state – owned enterprises in Beijing [J]. Sustainability Accounting, Management and Policy Journal, 7 (1): 80 – 98.

Zhao, T., Xiao, X., 2019. The impact of corporate social responsibility on financial constraints: Doesthe life cycle stage of a firm matter？ [J]. International Review of Economics and Finance, 63: 76 – 93.

Zhu, Q., Zhang, Q., 2015. Evaluating practices and drivers of corporate social responsibility: The Chinese context [J]. Journal of Cleaner Production, 100: 315 – 324.

Zhu, Y., Sun, Y., 2017. The impact of coupling interaction of internal control and CSR on corporate performance – Based on the perspective of stakeholder [J]. Procedia Engineering, 174: 449 – 455.